I0083189

TRAITÉS ILLUSTRÉS

DES JEUX

DES ÉCHECS

DE DAMES, DE TRIC TRAC

DE JAQUET ET DE JAQUET DE VERSAILLES

PAR

VAN TENAC, CORRARD ET JEANDEL

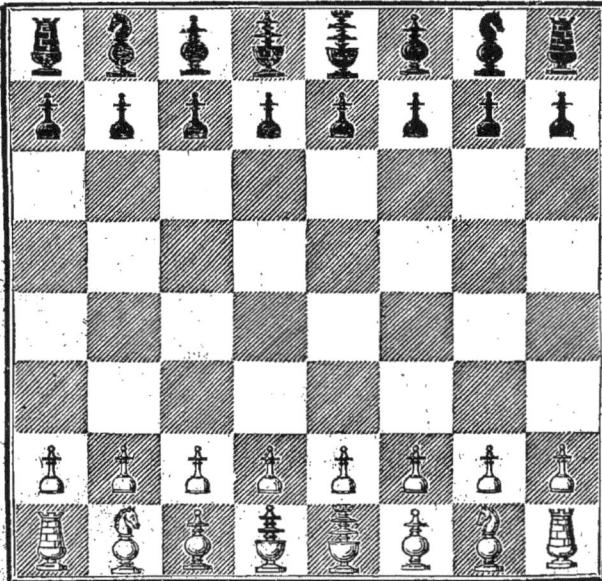

PARIS

PASSARD, LIBRAIRE-ÉDITEUR

7, RUE DES GRANDS-AUGUSTINS

ALBUM

DES JEUX

V

ALBUM ILLUSTRÉ DES JEUX

Par VAN TENAC

14 volumes, format Charpentier.

wwwwwwwww

VERSAILLES. — IMPRIMERIE CERF, 59, RUE DU PLESSIS.

TRAITÉS ILLUSTRÉS

DES JEUX

DES ÉCHECS

DE DAMES, DE TRIC-TRAC

DE JAQUET ET DE JAQUET DE VERSAILLES

PAR

VAN TENAC, CORRARD ET JEANDEL

PARIS

PASSARD, LIBRAIRE-ÉDITEUR

7, RUE DES GRANDS-AUGUSTINS

TRAITÉ

DU

JEU DES ÉCHECS.

—◦◦◦—

I

HISTORIQUE

Le jeu des échecs est un des jeux les plus anciens et les plus savants. Quelques auteurs en attribuent l'invention à *Palamède,* d'autres au philosophe *Sissa,* conseiller d'*Amollin,* roi de Babylone, dont la cruauté trouvait à ce jeu une heureuse diversion. Il paraît cependant que les échecs sont originaires de l'Indostan, où ils sont connus sous le nom de *Chaturanga,* les quatre membres d'une armée : *éléphants, cavaliers, chariots* et *fantassins.* De là ce jeu est venu en Perse, où on le nomme *Chatrang,* le jeu du roi. Ensuite les Arabes nous l'ont transmis. Dans la langue de ces derniers, il s'appelle *Schahtrendj*, la détresse du roi. Nous n'avons conservé que le premier mot, dont nous avons fait *Echecs.* Le mot *mat,* qui se dit pour annoncer le gain de la partie, signifie *tué* en arabe. On verra en effet, que c'est la mort du roi qui décide, aux échecs, du sort de la partie.

Ce jeu compte au nombre de ses partisans les hommes les plus illustres. Au rapport d'*Euripide,* dans *Iphigénie en Aulide, Ajax* et *Protée* jouaient aux échecs en présence d'*Ulysse. Homère* dit, dans l'*Odyssée,* que les princes amants de *Pénélope* s'exerçaient à ce jeu devant la porte de la reine d'Ithaque. L'abbaye de Saint-Denis a longtemps conservé l'échiquier avec lequel *Charlemagne* se délassait de ses travaux. Les pièces restant de ce jeu sont maintenant déposées au musée Dusommerard. *Henri IV* avait une prédilection marquée pour les échecs, prédilection qu'ont montrée aussi *Tamerlan,* les rois de Suède *Gustave-Adolphe* et *Charles XII.* Ce dernier prince, qui défendait sévèrement le jeu à ses troupes, en avait excepté les échecs, et il paraissait prendre plaisir à y jouer. *Voltaire* s'amusait aux échecs avec le jésuite *Adam*. *J.-J Rousseau* avait pour partenaire à ce jeu le musicien *Philidor*, célèbre joueur, auteur d'un traité sur les échecs, traité regardé encore aujourd'hui comme le meilleur livre classique. *Napoléon* avait fait des échecs un de ses délassements favoris, mais sans pouvoir y réussir. Sous le règne de Louis-Philippe, un des hommes d'État les plus éminents par son intelligence, *M. Guizot*, était un joueur d'échecs d'une force peu commune. On dit qu'il était capable de suivre à la fois six parties différentes, et qu'il a donné une preuve de cette étonnante habilité, dans les salons de M. le comte *Molé*. Toutefois, d'après un témoignage incontestable, le plus fort joueur d'échecs, dans le conseil des ministres d'alors, aurait été, sans contredit, M. le maréchal *Soult*. Après ces deux grandes notabilités, on cite encore, comme joueur émérite, M. le duc *Decazes*. Toutefois les illustres amateurs dont nous parlons n'auraient pas brillé à l'Académie des échecs, surtout s'ils avaient eu pour adversaires M. *Deschapelles* ou M. *Saint-Amand*.

Les Anglais désignent le Portugais *Domiano de Goa,* qui vivait vers la fin du quinzième siècle, comme l'auteur du plus ancien traité connu sur le jeu des échecs. Philidor avait fait remonter moins loin le premier ouvrage de ce genre. *Dom Pietro Carrera,* selon le célèbre maître, a publié, en 1617, un gros volume sur l'origine et les progrès de ce jeu. Les ouvrages qui ont paru depuis sur cette matière, copiés les uns sur les autres, ont apporté peu de modifications aux règles sanctionnées par Philidor.

Le jeu des échecs, que Montaigne regardait comme un *jeu puéril,* mais que *Leibnitz* élève au rang des sciences, est un agréable passe-temps, propre à exercer l'esprit et à former le jugement. Cet exercice peut habituer de bonne heure les jeunes intelligences à la réflexion et à l'induction, ce qui les prépare à d'autres combinaisons d'une plus haute importance dans le grand jeu de la vie.

Aujourd'hui les femmes et les enfants jouent peu aux échecs. Il n'en était pas ainsi sous le règne du grand roi *Louis XIV,* à en juger par la lettre que madame *de Sévigné* écrivait à madame *de Grignan :*

« Il est donc vrai, ma fille, que vous jouez quelquefois aux échecs : pour moi je suis folle pour ce jeu, et je voudrais le savoir seulement comme mon fils ou comme vous. C'est le plus raisonnable de tous les jeux... Tout le monde y jouait à Pomponne, le maître du logis, les femmes, les petits garçons. »

Le jeu du *Ki,* ou des échecs, est pour l'éducation des demoiselles chinoises ce qu'est en France la musique. Aussi ce talent est-il décisif dans les mariages pour entretenir la bonne intelligence entre les deux époux, qui passent rarement une journée sans faire deux ou trois parties de *Ki.*

Les échecs sont regardés généralement comme ayant beaucoup d'analogie avec l'art de la guerre. Il semblerait, d'après cela, qu'un grand général dût être un grand joueur d'échecs. Mais cette opinion est démentie par l'histoire : *Gustave-Adolphe, Charles XII, Napoléon,* nous l'avons dit, et d'autres fameux capitaines, n'étaient que de médiocres joueurs d'échecs.

Les tacticiens ont longtemps éprouvé le besoin d'un jeu qui présentât une image plus vraie de la stratégie, et qui permît de combiner l'action simultanée des trois armes qui constituent l'armée. Dans cette vue, le *jeu de la guerre* fut inventé par un Suisse, vers le commencement du siècle actuel. *Masséna* y donna d'abord une sérieuse attention ; mais quelques années après, un officier d'artillerie prussien trouva un jeu plus complet, le *Kreiggs speile,* qui produisit alors une grande sensation dans les cercles militaires. On en peut voir un spécimen à l'arsenal de Berlin. Ce spécimen représente avec

1.

une grande fidélité les opérations des trois armes sur le terrain, avec la figure exacte des localités dans lesquelles se sont effectués les mouvements des troupes, soit en colonnes, soit en masses. Le matériel du jeu consiste en de petites figures rectangulaires dont les côtés varient selon l'importance des forces qu'ils représentent, depuis les sections, les simples files, les officiers d'ordonnance, jusqu'aux masses de six bataillons avec leurs batteries. Les batailles de Ligny, de Dresde, de Katzbach, des Quatre-Bras, etc., ont été lithographiées spécialement pour le Kreiggs-speile. Ce jeu est joué par deux personnes, et présidé par un arbitre ; aujourd'hui il est généralement cultivé dans les armées de la Russie et de la Prusse.

Quant à la France, elle s'en est tenue au classique jeu des échecs. Mais, en revanche, elle a possédé sur la matière une revue spéciale mensuelle, LE PALAMÈDE, commencée par *La Bourdonnais* et continuée par M. *Saint-Amant*. Cette publication instructive et intéressante, parvenue à sa neuvième année d'existence, a cessé de paraître. Grâce au PALAMÈDE, les rapports les plus suivis et les plus intimes s'étaient établis entre tous les peuples pour les progrès et le développement du jeu des échecs. C'est sous cette bannière qu'ont marché longtemps comme une vaste et fraternelle communauté, tous les amateurs du noble jeu.

|

————

II

PRÉLIMINAIRES

On ne joue que deux aux échecs, sur un tablier carré nommé *échiquier*, divisé en 64 carrés égaux ou *cases* : ces cases sont alternativement blanches et noires.

L'échiquier doit, selon l'usage, être placé entre les joueurs, de manière qu'une des cases blanches angulaires soit à leur droite.

JEU DES ÉCHECS

En voici la figure :

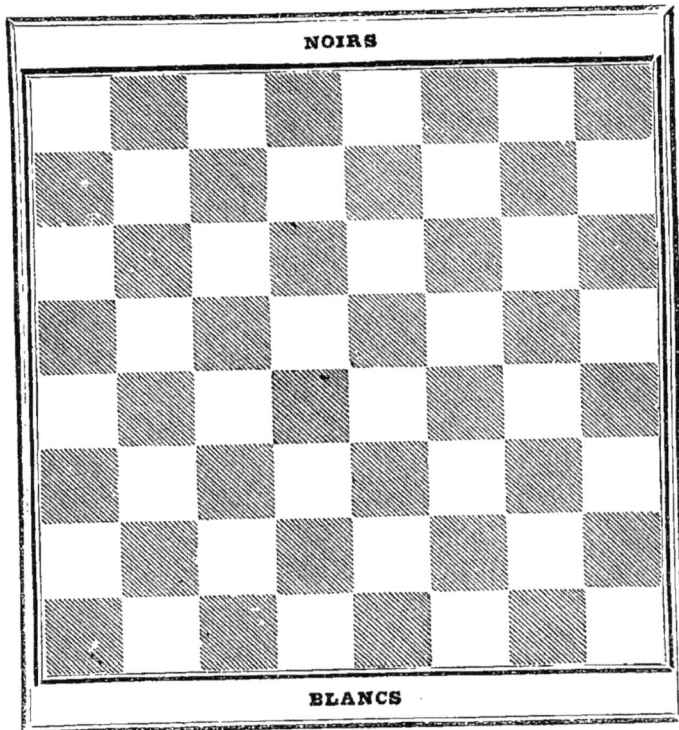

Chacun des deux joueurs a *seize* pièces d'une couleur différente de celles de son adversaire, dont *huit* principales, savoir :

Le *roi,* la *dame* ou *reine,* deux *fous,* deux *cavaliers,* deux *tours.* Elles varient par leur forme autant que par leur dénomination, et sont proprement appelées *pièces*.

Les huit autres plus petites, toutes de même forme, sont appelées *pions*.

De la position des Pièces.

NOIRS

BLANCS

Les deux *tours* occupent les deux cases angulaires de la base de l'échiquier, c'est-à-dire du premier rang horizontal des cases.

Immédiatement à côté des tours, et sur le même rang ou la même zone, sont les deux *cavaliers;* ensuite, et de la même manière les deux *fous.*

Les deux cases du milieu, sur le même rang, sont destinées au *roi* et à la *dame,* mais en observant que cette dernière soit toujours, conformément à l'usage, sur une case de sa couleur, ou d'une couleur analogue à la sienne. Ces deux pièces donnent chacune leur nom à celles qui sont de leur côté; ainsi la tour, le cavalier et le fou, du côté du roi, sont appelés la tour, le cavalier, le fou du *roi,* et de même pour les pièces du côté de la *dame.*

Les huit *pions* occupent les huit cases du second rang, et ont chacun le nom de la pièce devant laquelle ils sont placés. Ainsi on appelle pion du *roi* celui qui est placé devant le roi, pion de la *dame* celui qui est placé devant la dame, et ainsi des autres,

De la Marche des Pièces et des Pions.

Quand les pièces et les pions sout placés comme

il est dit ci-dessus, le sort décide quel est celui des deux joueurs qui doit commencer la partie. Pour cela, on tire le *trait*, c'est-à-dire que l'un des joueurs, ayant un pion noir dans une main et un pion blanc dans l'autre, donne à son adversaire à deviner la couleur : si l'adversaire devine juste, il joue le premier.

Chaque joueur peut engager la partie comme il lui convient ; cependant, parmi les huit pièces de la première ligne de l'échiquier, il n'y a que les deux cavaliers qui puissent, au début de la partie, marcher avant les pions.

Marche des Tours.

Elles ne peuvent se mouvoir que parallèlement aux lignes qui terminent l'échiquier, ou, ce qui revient au même, que dans une direction horizontale et perpendiculaire, faisant autant de cases et de pas à la fois qu'il plaît au joueur, pourvu que la zone où elles agissent soit libre, c'est-à-dire qu'il n'y ait point de pièces.

Marche des Fous.

Cette marche est oblique, c'est-à-dire qu'elle ne

peut avoir lieu que dans les diagonales de l'échí-
quier, ou dans les lignes parallèles à ces diagonales; les fous font, à l'instar des tours, autant de
pas qu'il plaît au joueur, pourvu aussi que la ligne
soit libre.

On voit par là qu'ils conservent toujours la couleur de leurs cases primitives, et, par cette raison,
l'un s'appelle le *fou blanc,* et l'autre le *fou noir.*

Marche de la Dame.

La dame réunit en elle le mouvement des tours
et le mouvement des fous, ce qui lui donne une
valeur et un effet qui la rendent de beaucoup su-
périeure aux autres pièces.

Marche du Roi.

Il se meut précisément comme la dame, si ce
n'est qu'il ne peut faire qu'un seul pas à la fois,
en se portant à volonté sur une des cases qui
l'avoisinent immédiatement, pourvu qu'elle soit
libre.

Il est néanmoins une circonstance unique dans

la partie, où le roi peut faire *deux pas* à la fois ;
cela s'appelle *roquer.*

Ce coup a lieu lorsque l'espace entre le roi et les
tours est libre ; ainsi il peut roquer du côté de sa
tour ou du côté de la tour de la dame.

S'il roque du côté de sa tour, cette dernière vient
occuper la case du fou du roi, et le roi celle de son
cavalier.

S'il roque du côté de la tour de la dame, cette
tour vient occuper la case de la dame, et le roi celle
du fou de la dame.

Mais le roi ne peut roquer dans les cas énoncés
à la règle XVII, ci-après.

Il faut remarquer que les rois ne peuvent jamais
s'approcher de plus près qu'à une case d'intervalle.

Marche des Cavaliers.

Cette marche ne ressemble aucunement à celle
des autres pièces : elle consiste à se porter de deux
cases en deux cases, d'une blanche à une noire,
ou d'une noire à une blanche.

Pour rendre l'explication plus sensible, qu'on se
figure l'échiquier tel qu'il est placé entre les joueurs,

2

divisé en huit zones perpendiculaires ,

chacune de ces zones porte le nom de celle des huit
pièces principales qui lui correspond sur la première bande horizontale, et se trouve composée
de huit cases dont chacune est désignée de la
manière suivante ;

Soit, par exemple, la zone du roi : la case primitive occupée par cette pièce s'appelle la *case du roi;* celle immédiatement après au-dessous, la seconde case du roi ; ainsi de suite et des autres zones perpendiculaires.

Maintenant, supposons un cavalier, celui du roi, par exemple, a sa case primitive ; il y a trois cases différentes où il pourra se porter à son choix, telles que la seconde de son roi, la troisième case du fou de son roi et la troisième case de sa tour, pourvu toutefois que ces cases soient libres ; il y aura enfin plus ou moins de cases où il pourra se porter de cette manière, selon la case où il se trouvera placé.

Ajoutons qu'une propriété des cavaliers est que le joueur peut les faire sauter, tant par dessus ses propres pièces que, par dessus celles de l'adversaire.

Manière dont prennent les huit Pièces principales

1° Toutes les pièces du premier rang ont cela de commun, qu'elles prennent de la manière dont elles se meuvent ; et c'est en quoi elles diffèrent des pions, comme on va le voir.

2° Elles prennent en se mettant à la place de la

pièce qu'elles veulent prendre, et cette manière leur est commune avec les pions.

Marche des Pions.

Ils peuvent faire un ou deux pas en avant la première fois qu'ils se meuvent; après quoi, ils n'en peuvent plus faire qu'un; ils conservent toujours la zone perpendiculaire sur laquelle ils ont été primitivement placés, à moins qu'ils ne prennent, ce qu'ils ne peuvent faire qu'obliquement à droite ou à gauche. Par exemple, si le pion du roi est à sa case, il ne pourra prendre qu'autant qu'il se trouvera quelque place ou quelque pion de l'adversaire à la troisième case de la dame, ou à la troisième case du fou du même roi.

La première fois qu'un pion se meut, il est libre de faire un ou deux pas; il y a pourtant une circonstance où cette liberté est restreinte : c'est lorsqu'il passe près d'un pion de l'adversaire, lequel se trouve dans une perpendiculaire immédiatement à côté de la sienne : dans ce cas, il peut être pris au passage par le pion de l'adversaire, à moins que celui-ci ne juge à propos de lui laisser continuer sa route, ce qui s'appelle *passer prise*.

Une propriété particulière encore aux pions, soit dans leur mouvement en avant, soit dans leur mouvement oblique lorsqu'ils prennent, c'est qu'ils ne rétrogradent jamais.

Quand, par le progrès de leur marche, ils sont parvenus jusqu'à la dernière bande horizontale de l'échiquier, destinée aux huit pièces principales de l'adversaire, ils cessent alors d'être pions et deviennent telle pièce qu'il plaît au joueur de choisir, excepté le roi.

Valeur comparative des Pièces et des Pions en général.

La dame est la première de toutes : on l'estime de *deux* tours, ou d'*une* tour, *un* cavalier et *un* pion, ou d'*un* cavalier, *un* fou et *deux* pions.

Les tours viennent ensuite et valent chacune *un* cavalier et *un* pion ou *un* fou et *un* pion.

Les fous sont à peu près de même valeur que les cavaliers ; les uns et les autres sont estimés chacun de *deux* pions à la fin d'une partie, et de *trois* au commencement.

Le roi, par la nature du jeu, n'est point dans le cas d'une pareille évaluation.

2.

Exemple particulier de la Situation et de la Marche des Pièces.

Dans le tableau ci-dessus, la partie est commencée; deux pions ont été joués de part et d'au-

tre ; mais ces pions, qui avaient le pouvoir d'avancer de deux pas du premier coup, n'ont fait qu'un
pas, comme on le voit.

La reine des blancs, trouvant la ligne diagonale libre, vient donner échec au roi des noirs.
Ceux-ci peuvent parer l'échec, soit en retirant le
cavalier qui est sur la troisième case de la tour
sur la seconde case du fou du roi, ce qui couvrirait
le roi, soit en avançant le pion du cavalier sur la
case suivante, ce qui forcerait la dame blanche à
se reculer, parce qu'elle serait mise en échec par
un simple pion.

De cette manière, les noirs auraient tout à la
fois couvert le roi contre l'échec, et attaqué la
dame de l'adversaire.

D'après la position des noirs, on peut reconnaître encore que les cavaliers sautent par dessus
leurs propres pièces pour jouer, et qu'ils pour-
raient de même sauter par dessus celles de l'adversaire. Ainsi, le cavalier de la case noire à côté de
la tour de la case blanche, a pu sauter à la troisième case de cette tour, qui est libre ; et le cavalier de la case blanche à côté de la tour de la case
noire, a sauté à la troisième case de cette tour, qui
était également libre ; ce même cavalier pouvait

sauter sur la deuxième case noire de la reine pour couvrir le roi en parant l'échec.

Il n'est pas nécessaire sans doute de prolonger cette explication, que la pratique fera bien mieux comprendre. Les tableaux, pages 13, 18 et 22, seront suffisants, nous le pensons, pour la clarté des règles et des lois du jeu.

III

DU GAIN ET DE LA REMISE DES PARTIES

Au jeu des échecs, toutes les parties sont susceptibles de l'une ou de l'autre alternative ; pour gagner la partie, il faut, en opérant suivant la marche indiquée, parvenir à donner au roi de l'adversaire un échec qu'il ne lui soit plus possible de parer.

On dit que le roi est en *échec*, lorsqu'il se trouve sur une case ou toute autre pièce serait en prise, et s'il ne s'y est point mis de lui-même, comme la surprise ne peut avoir lieu à son égard, l'adversaire qui a porté cet échec, est obligé de l'en avertir, ce qu'il fait en disant : *échec au roi.* Le roi, ainsi attaqué, doit parer l'échec, soit en interposant une pièce, ce qui s'appelle *couvrir l'échec*, soit en prenant la pièce qui donne échec, soit en se rangeant sur une autre case.

Lorsque le roi, mis en échec, n'a plus aucun moyen de parer ces échecs, il est *échec et mat*, et le joueur qui l'a porté gagne la partie. Ainsi point de partie gagnée sans un échec et mat.

Les échecs des cavaliers ou des pions ne peuvent être couverts.

Lorsque ni l'un ni l'autre des champions ne peut en venir à ce dénouement, la partie est remise; seconde alternative qui a lieu dans les cas suivants :

1° Lorsque l'un des joueurs donne un échec perpétuel, c'est-à-dire tel par la position qu'il est maître de le réitérer tant il lui plaît.

2° Lorsqu'il est impossible, avec les pièces qui restent à la fin, de parvenir au coup décisif.

3° Lorsque le roi de celui qui doit jouer, sans être pourtant en échec, ne peut se mouvoir sans y tomber, et n'a aucune autre de ses pièces ou de ses pions à pouvoir jouer. C'est le cas d'une position à laquelle on donne le nom de *pal*.

4° Lorsque les joueurs persistent dans un cercle de coups qui reviennent toujours les mêmes.

IV

PRÉCEPTES GÉNÉRAUX

Le meilleur moyen de faire des progrès à ce jeu, lorsqu'on y apporte l'aptitude convenable, serait de le pratiquer avec assiduité, de voir opérer les bons joueurs, et de ne se mesurer qu'avec plus fort que soi.

Il y a cependant des principes dont la connaissance et l'application peuvent seconder l'aptitude et hâter les progrès ; ces principes, nous allons les énoncer succinctement :

1° Dégager les pièces dès le commencement des parties, en en sortant le plus grand nombre possible, dans le plus petit nombre de coups possible, afin qu'elles ne gênent point entre elles.

2° Se mettre en état, pour peu que l'adversaire y donne prise, de former des attaques contre lui, comme de prévenir et de faire avorter celles qui seraient dirigées contre soi.

3° Etre toujours à portée de *roquer* pour mettre son roi en sûreté, et par ce moyen pouvoir agir sans inquiétude pour lui.

4° Faire en sorte de mettre la force de ses pions au centre de l'échiquier, les y maintenir de front tant qu'il est possible ; ne renoncer à cette position qu'autant que l'adversaire vous y provoque, en poussant dessus quelques-uns des siens, à moins que vous ne soyez sûr de quelque prochain avantage.

5° Observer que le fou du roi est, au commencement la meilleure pièce pour l'attaque ; le diriger contre le pion du fou du roi de l'adversaire, et le tenir dans cette direction le plus longtemps possible, pourvu que ce ne soit pas aux dépens de quelque avantage plus précieux.

6° Avoir une grande attention aux échecs qu'on peut vous porter, et être toujours prêt à les parer d'une manière avantageuse.

7° Tâcher d'avoir en vue plus d'un objet dans les coups que l'on fait.

8° N'entrer avec des pions dans le jeu de son adversaire qu'autant qu'on a prévu les moyens de pouvoir les y soutenir.

9° Avoir l'œil à ce que les pièces soient toujours bien soutenues.

1° Ne sacrifier de pièces qu'autant qu'on en trouve la valeur dans les pions qu'on ôte à l'adversaire, ou dans la nouvelle position qu'on se procure, etc., etc.

Les préceptes ci-dessus peuvent se résumer en deux maximes fondamentales, savoir :

1° *Découvrir le point vulnérable de la position de l'adversaire.*

2° *Concentrer rapidement la masse de vos forces, et les diriger avec habileté sur ce point vulnérable.*

La première maxime exige, de la part du joueur, une grande puissance de coup d'œil. S'il possède cette qualité à un degré éminent, c'est plutôt par intuition que par étude.

Pour se conformer à la seconde maxime, il faut avoir acquis par la pratique, une certaine habileté au jeu, et bien connaître le mécanisme de chaque pièce, afin de combiner leur action simultanée, de manière à prendre toujours l'offensive, car c'est se conformer à la première maxime. Pour y parvenir, il faut *roquer* le plus tôt possible. Par ce moyen, vous mettez votre roi en sûreté, et vous profitez de l'action d'une puissante pièce, la tour.

Mais si votre adversaire a pris l'initiative ; ne roquez pas avant qu'il ait bien développé son attaque. Alors vous pouvez roquer du côté opposé, et vous placez ainsi votre roi en dehors du rayon de l'attaque, ce qui oblige l'adversaire à changer son front.

Il serait imprudent, en effet, de roquer du côté où l'adversaire a développé son attaque, ce serait exécuter une marche de flanc devant une armée en position, comme Soubise à Rosbach ; vous perdriez infailliblement votre armée et votre honneur.

Donc agissez toujours en masse pour bien reconnaître la position de l'adversaire, et souvenez-vous qu'il n'y a que d'habiles dispositions et une rapide combinaison d'attaques simultanées qui puissent déterminer le succès.

V

DE LA MANIÈRE DE JOUER.

La notation du tableau suivant est généralement adoptée pour l'intelligence des parties. Le numéro

3

d'une case se trouve à la rencontre des deux lignes horizontale et verticale, commençant en marge, l'un par le premier chiffre, l'autre par le second.

	A	B	C	D	E	F	G	H
8	81	82	83	84	85	86	87	88
7	71	72	73	74	75	76	77	78
6	61	62	63	64	65	66	67	68
5	51	52	53	54	55	56	57	58
4	41	42	43	44	45	46	47	48
3	31	32	33	34	35	36	37	38
2	21	22	23	24	25	26	27	28
1	11	12	13	14	15	16	17	18
	1	2	3	4	5	6	7	8

Nous donnons à la page suivante une partie engagée au café de la Régence, entre deux joueurs en réputation, MM. *Kiezéritzki* et *Desloges.*

Les lettres majuscules placées en tête du tableau indiquent les pièces dans l'ordre où elles sont posées ; les lettres minuscules correspondent aux pions. Par exemple, A est la tour de la dame, E, le roi, etc.

oo signifie *roquer : — la prise ;* × *échec ;* § *mat.*

M. DESLOGES	M. KIEZERITZKI	M. DESLOGES	M. KIEZERITZKI
Coups j. Blancs	Coups j. Noirs.	Coups j. Blancs	Coups j. Noirs.
1. e 45.....	1. e 55	17. C 75 — D	17. G 27 × H
2. f 46.....	2. e 46 — f.	18. E 28 — e.	18. G 47 ×
3. G 36.....	3. F 75	19. E 38 — C.	19. G 68 — D
4. F 43..,..	4. F 48 ×	20. C 86 — A.	20. H 86 — C
5. g 37.....	5. e 37	21. B 52.....	21. E 84
6. oo,......	6. e 28 × h	22. d 54.....	22. g 57
7. E 18.....	7. d 64	23. G 27.....	23. H 36 ×
8. F 76 × f.	8. E 76 — F	24. E 28.....	24. G 47 ×
9. G 48 × F.	9. G 66	25. E 17.....	25. B 55
10. D 58 × ..	10. g 67	26. B 71 — a.	26. H 26
11. D 68.....	11. C 38	27. A 13.....	27. B 36 ×
12. H 26.....	12. D 75	28. E 18.....	28. G 35
13. B 33.....	13. B 74	29. A 17.....	29. G 27 — G
14. A 44.....	14. A 86	30. A 27 — G.	30. H 16 ×
15. C 57.....	15. E 85	31. A 17.....	31. H 17 — H §
16. A 15.....	16. G 47		

Voici une partie qui a été engagée entre MM. *Staunton,* célèbre joueur anglais, et M. *Saint-Amant,* rédacteur en chef du PALAMÈDE.

M. STAUNTON.	M. SAINT-AMANT.	M. STAUNTON.	M. SAINT-AMANT.
Coups j. Blancs	Coups j.	Coups j. Blancs	Coups j.
1. f 43	1. d 65.	16. C 24	16. A 85.
2. d 45....	2. f 63.	17. A 15....	17. E 73.
3. e 44....	3. e 54 — d.	18. B 17	18. C 25—C.
4. d 54 — d	4. d 54.	19. A 25—F.	19. B 66.
5. G 33....	5. B 66.	20. E 34	20. B 47.
6. B 36....	6. C 75.	21. B 36	21. A 45.
7. C 34....	7. oo.	22. a 38	22. H 85.
8. oo	8. f 47.	23. B 55	23. B 55—B.
9. f 35....	9. G 74.	24. A 45—A,	24. B 34—E.
10. g 32....	10. a 68.	25. A 85×H.	25. D 78.
11. D 18....	11. C 42.	26. D 17	26. E 46.
12. G 25....	12. C 64.	27. A 86	27. E 44—e.
13. F 46....	13. c 46—C.	28. H 14....	28. f 43—f.
14. C 46—F.	14. B 58.	29. A 24	29. g 52.
15. G 58—G.	15. F 58 — G.	30. h 41	30. h 51.

Les blancs abandonnent.

Le problème ci-après a été noté autrement que les parties précédentes, pour l'intelligence de la solution en vers de M. *Jules de Poilly.*

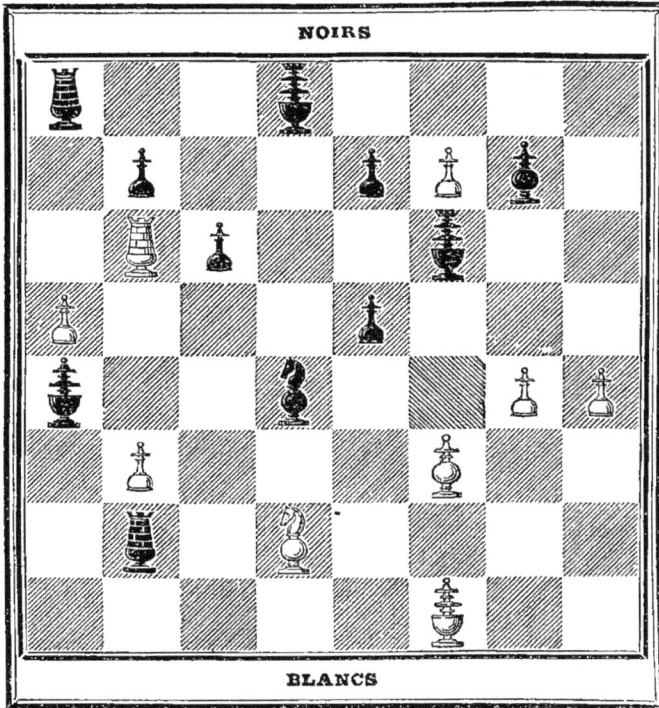

Le Fou prend le Pion du Fou de Dame noire,
Et démasque le Fou de la Reine d'ivoire ;
Un Cavalier l'éteint. Pour faire un mauvais tour,
Le Fou blanc vole à dame et découvre la Tour,
Que la Reine recouvre, ou bien fait prisonnière ;
Mais un simple soldat, poursuivant sa carrière,
Vient faire échec au Roi, qui n'a plus qu'un seul coup
Pour se mettre, à regret, en avant de son Fou ;

Car, arrivant à dame, un fantassin d'ivoire
Saute sur un cheval et saisit la victoire.

BLANCS.	NOIRS
1 Le F du R —le P : 00	1 Le C — la D
2 Le F du R à la 8° c du R : 00	2 La D — la T
3 Le P du C du R 1 pas : 00	3 Le R à la 3° c de son C.
4 Le P du F du R à dame faisant C : ÉCHEC ET MAT.	

On pourrait multiplier à l'infini ces exercices.
Nous recommandons aux commençants de les ré-
péter avec attention sur l'échiquier, et d'en bien
étudier les détails. C'est le moyen de parvenir à
résoudre les problèmes les plus difficiles.

Problème d'Euler.

Il existe au jeu des échecs un problème curieux
qui a occupé les mathématiciens, et que le célèbre
Euler n'a pas trouvé indigne de son attention. Ce
problème consiste à faire parcourir successivement
au *cavalier* les 64 cases de l'échiquier sans passer
plus d'une fois sur la même case.

Si l'on suppose le cavalier placé sur la case 11
(page 35), et qu'on le fasse partir de cette case, on
pourra d'abord le faire sauter indifféremment sur

23 ou sur 32; mais arrivé à l'une de ces deux cases, l'embarras commence, puisque de chacune d'elles on peut le faire sauter sur trois autres. Voici l'ordre des cases à parcourir en partant de 1 sur 11 :

1	11	5	15	32	47	64	54
60	50	35	41	26	9	3	13
7	24	39	56	62	45	30	20
37	22	28	38	21	36	19	25
10	4	14	8	23	40	55	61
51	57	42	59	53	63	48	31
16	6	12	18	33	27	44	29
46	52	58	43	49	34	17	2

Si maintenant on numérote les cases de l'échiquier (page 36) dans l'ordre où elles sont parcourues, on aura la route suivante, ou le cavalier part de 1 pour aller à 2, ensuite à 3, etc., de manière qu'en arrivant à 64, il a parcouru toutes les cases :

42	59	44	9	40	21	46	7
61	10	41	58	45	8	39	20
12	43	60	55	22	57	6	47
53	62	11	30	25	28	19	38
32	13	54	27	56	23	48	5
63	52	31	24	29	26	37	18
14	33	2	51	16	35	4	49
1	64	15	34	3	50	17	36

Il est évident qu'en prenant une marche symétrique à celle-ci, on peut faire partir le cavalier de tout autre angle.

Pour la solution générale du problème, Euler fait observer qu'il s'agit seulement de trouver une route où la dernière case marquée 64 soit éloignée de la première d'un saut de cavalier, de manière qu'il puisse sauter de la dernière sur la première.

Car cette route étant déterminée, on pourra partir d'une case quelconque, et suivre l'ordre des numéros jusqu'à 64 ; de là sauter sur 1, et continuer la route jusqu'à celle d'où l'on est parti.

Une telle route, qu'Euler nomme *route rentrante en elle-même,* est beaucoup plus difficile à trouver que celle qui a été donnée ci-dessus. En voici un exemple qui suffit pour obtenir la solution complète du problème :

42	57	44	9	40	21	46	7
55	10	41	58	45	8	39	20
12	43	56	61	22	59	6	47
63	54	11	30	25	28	19	38
32	13	62	27	60	23	48	5
53	64	31	24	29	26	37	18
14	33	2	51	16	35	4	49
1	52	15	34	3	50	17	36

Cette route étant bien fixée dans la mémoire, on pourra faire partir le *cavalier* d'une case quelconque. Par exemple, s'il s'agissait de partir de la case 30, on le ferait passer par les cases 31, 32, 33, etc., jusqu'à 64, d'où en passant ensuite par 1, 2, 3, etc., on lui ferait poursuivre sa route jusqu'à la case 29.

Solution de Moivre.

Le même problème a été résolu de la manière indiquée au tableau ci-après :

34	49	22	11	36	39	24	1
21	10	35	50	23	12	37	40
48	33	62	57	38	25	2	13
9	20	51	54	63	60	41	26
32	47	58	61	56	53	14	3
19	8	55	52	59	64	27	42
46	31	6	17	44	29	4	15
7	18	45	30	5	16	43	28

M. Libri, devenu tristement célèbre, a résolu par l'analyse le problème du cavalier. On en trouve aussi une solution très-développée dans le tome II du *Palamède*.

VI

RÈGLES DU JEU.

I. L'usage veut que les joueurs aient à leur droite la case angulaire blanche de l'échiquier.

Si l'échiquier est mal posé, celui des deux qui s'en apercevra avant de jouer le quatrième coup, pourra exiger qu'on recommence la partie ; mais ce quatrième coup joué, il faut continuer, si l'adversaire refuse de recommencer la partie.

II. Si les pièces sont mal rangées, celui qui s'en apercevra pourra rectifier ou faire rectifier cette irrégularité avant de jouer son quatrième coup ; mais ce quatrième coup une fois joué, il faudra continuer la partie dans la position où se trouveront les pièces : elles ne pourront plus être remises à leur véritable place que du consentement de l'adversaire.

III. Si l'on a commencé une partie à but avec une pièce ou un pion de moins, le quatrième coup étant joué de part et d'autre, on sera obligé de finir la partie sans pouvoir reprendre la pièce oubliée.

IV. Si l'on est convenu de faire des avantages d'un pion ou d'une pièce, celui qui aura oublié de le faire ne sera pas admis, dans le courant de la partie, à rendre ce pion ou cette pièce ; on continuera la partie dans l'état où elle sera, et celui qui devait recevoir avantage ne pourra perdre la partie ; le pis aller pour lui sera qu'elle soit remise.

V. Le *trait* est le droit de jouer le premier ; on doit tirer ce trait avant de commencer, à moins que l'un des joueurs ne fasse avantage (Art. VII).

VI. Le trait est alternatif, que la partie soit remise, ou gagnée, ou perdue.

VII. Celui qui a fait avantage a le trait, à moins qu'on ne convienne du contraire.

VIII. Quand on a touché une pièce, on est obligé de la jouer, à moins qu'en la touchant on ait dit *j'adoube*. Si une pièce vient à tomber sur l'échiquier, on peut la relever sans être obligé de la jouer, pourvu qu'on ait dit *j'adoube*.

IX. Quand on a joué une pièce et qu'on l'a quittée, on n'a plus le droit de la reprendre pour la jouer ailleurs.

X. Quand on a touché une pièce de son adversaire sans dire *j'adoube*, il peut vous obliger de la
prendre ; si cette pièce ne peut être prise, celui qui
l'a touchée jouera ce qu'il voudra.

XI. Si l'on joue par méprise la pièce de son adversaire pour la sienne, il a le droit de vous obliger à prendre cette pièce, si elle est prenable, ou
de la faire remettre à sa place, ou de la laisser à
la place où vous l'aurez mise ; ce dernier cas comptant comme coup joué.

XII. Si l'on prend la pièce de son adversaire
avec une pièce qui ne puisse pas la prendre, on
est obligé de la prendre avec une autre pièce, si
cela se peut, ou de jouer la pièce touchée.

XIII. Si vous prenez votre propre pièce avec
une des vôtres, ce sera une pièce de perdue pour
vous, à moins que vous ne vous en aperceviez
avant que l'adversaire ait joué son coup. Dans
tous les cas, il aura le choix de vous faire jouer
celle des deux pièces touchées qu'il jugera à propos.

XIV. Si l'on fait une fausse marche, l'adversaire
a le choix ou de vous faire laisser la pièce à la case
où vous l'avez mise, ou de vous la laisser jouer
ailleurs, ou de vous obliger à jouer le roi.

XV. Si l'on joue deux coups de suite, l'adver-

4

saire a le choix, avant de jouer son coup, ou de laisser passer les deux coups joués, ou de vous faire remettre le second.

XVI. Si l'on pousse un pion deux pas en passant devant le pion de l'adversaire, il sera le maître de le prendre.

XVII. Le roi ne peut plus roquer dans les cas suivants :

1° Quand il a déjà fait quelque mouvement ;

2° Quand la tour du côté de laquelle il voudrait roquer en a déjà fait aussi ;

3° Dans le moment où il est en *échec;*

4° Quand la case par dessus laquelle il doit passer, est dans la direction de quelque pièce de l'adversaire ;

5° Lorsqu'il passe sur une case où l'une des pièces de l'adversaire le ferait échec ;

6° Enfin, quand lui-même serait en échec sur la case où il se trouverait après avoir roqué.

XVIII. Si l'on touche une pièce qu'on ne puisse jouer sans mettre le roi en échec, il faut jouer le roi ; et si le roi ne peut se jouer, la faute sera sans conséquence.

XIX. Il faut avertir de l'échec au roi. Si celui dont le roi est en échec, n'ayant pas été averti, joue tout autre coup que de défendre son roi de l'échec, et que l'adversaire veuille sur le coup prendre ou attaquer une pièce, en disant *Échec au roi,* alors celui dont le roi est en échec, rejouera son coup pour couvrir l'échec ou s'en défendre.

XX. Si le roi est en échec depuis plusieurs coups, sans qu'on s'en soit aperçu, et qu'il ne soit pas possible de vérifier si on lui a donné échec ou s'il s'est mis en échec lui-même, le joueur dont le roi est en échec peut, au moment qu'il s'en aperçoit ou qu'il en est averti, remettre la dernière pièce qu'il a jouée à sa place et défendre l'échec.

XXI. Si l'adversaire déclare échec au roi, sans néanmoins vous donner échec, dans ce cas, si vous touchez le roi ou toute autre pièce pour défendre les pièces, et que vous vous aperceviez que votre roi n'est pas en échec avant que l'adversaire ait joué son coup, vous pourrez rejouer le vôtre.

XXII. Mais vous ne serez plus à temps d'y revenir si l'adversaire a joué son coup; en général, toute irrégularité sera couverte du moment que le coup suivant aura été joué.

XXIII. Quand on mène un pion à dame, on prend pour ce pion telle pièce que l'on juge la plus utile pour le gain de la partie, excepté un second roi.

XXIV. Si le roi est *pat,* ce qui arrive lorsqu'il

ne peut bouger de la case où il est, qu'il n'y est pas en échec, et qu'il n'y a ni pion ni pièce à jouer d'ailleurs, dans ce cas la partie sera remise.

XXV. Tout coup contesté doit être décidé suivant les règles ci-dessus ; si la décision d'un coup dépend d'un fait, il doit être jugé par les spectateurs, auxquels les joueurs seront tenus de s'en rapporter.

_____

VII

REMARQUES SUR LES FINS DE PARTIES.

La partie peut être gagnée : — 1° Par un pion seul, si le roi se trouve en avant de son pion :

2° Par deux pions contre un, à moins que le joueur qui a les deux pions n'en échange un contre celui de son adversaire ;

3° Par un pion ou une pièce quelconque, excepté les pions des deux tours, s'ils restent avec un fou qui ne soit pas de la couleur de la case où le pion arrive à dame ; auquel cas, la partie serait remise ;

4° Une dame contre un fou et un cavalier.

La partie ne peut être gagnée : — Par un pion seul, si le roi adverse se trouve en opposition.

Peuvent faire mat : — Deux fous seuls.

Ne peuvent faire mat : — Deux cavaliers seuls.

Font partie remise : — 1° Une tour contre un cavalier ;

2° Une tour contre un fou ;

3° Une tour et un cavalier contre une tour ;

4° Une tour et un fou contre une dame ;

5° Une tour et un cavalier contre une dame ;

6° Une tour contre un fou et deux pions ;

7° Une tour contre un cavalier et deux pions.

Dans ces deux derniers cas, on ne peut, en effet, empêcher le joueur qui n'a que la tour de la sacrifier pour deux pions.

8° Une dame contre une tour et deux pions.

———

VIII

TERMES EN USAGE AUX ÉCHECS.

Couvrir : c'est ôter la direction d'une pièce de l'adversaire sur le Roi, par une autre pièce.

Dégager : manœuvre à l'aide de laquelle un joueur procure quelque direction à une de ses pièces.

Échange (un) : c'est avoir gagné une pièce de son adversaire par une inférieure.

Échec : il y a échec quand un pion ou une pièce attaque le Roi. On en avertit l'adversaire pour qu'il se défende du mat, en disant *Échec au Roi.* On distingue trois espèces d'échecs : 1° *Échec à la découverte,* qui a lieu quand une pièce est masquée par une autre, et qu'en déplaçant cette dernière la pièce démasquée fait échec; 2º l'*Échec* double, qui a lieu lorsque les pièces découvertes et celles par lesquelles elles étaient masquées font échec en même temps; 3º l'*Échec* est *perpétuel* lorsque le joueur qui donne échec à l'autre, qui ne peut se couvrir ni l'éviter, continue à le tenir toujours en *échec*. Dans ce cas la partie est remise.

ÉCHEC DU BERGER : c'est quand la Dame prend le pion du Fou du Roi.

ÉCHEC ET MAT : c'est quand le Roi est pris et la partie gagnée.

FOURCHER : quand un cavalier fait échec au Roi, en même temps qu'il menace la Dame et une Tour, si l'on parvient à le prendre cela se nomme *fourcher*.

GAMBIT : de l'italien *Gambetto, croc-en-jambe*. Il y a le gambit du Roi et le gambit de la Dame. Si le joueur qui a le trait joue le pion du Roi deux pas, et que l'adversaire en fasse autant, le premier joueur donne le pion du Fou du Roi à prendre au pion du Roi adverse pour rien : il y a *Gambit du Roi*. Pour le *Gambit de la Reine,* il faut jouer au premier coup le pion de la Reine deux pas, ensuite livrer le pion du Fou de la Reine.

LIGNE OUVERTE : c'est une ligne directe de l'échiquier sur laquelle il n'y a plus de pions.

MASQUÉE : c'est ôter la direction d'une pièce par une autre.

MAT : le Roi est *mat* quand il ne peut plus se défendre de l'échec qu'il a reçu. Le joueur qui fait *mat* gagne la partie.

MAT AVEUGLE : c'est celui qui se fait sans être annoncé.

MAT ÉTOUFFÉ : c'est quand le roi est serré de si près par ses propres pièces qu'elles l'empêchent d'échapper à l'échec qu'on lui donne.

OPPOSITION : le Roi est *en opposition* quand il est dans une ligne perpendiculaire ou parallèle, relativement à l'autre Roi, et qu'il n'en est séparé que par une case.

PASSER PRISE : c'est quand un pion qui, en faisant son premier pas, aurait pu être pris par un pion adverse parvenu à la quatrième case de celui-là, s'avance de deux cases, l'adversaire pouvant à volonté le laisser passer ou le prendre, en plaçant son pion à la case où il se serait avancé d'un pas.

PRENDRE EN PASSANT : quand un pion est éloigné de sa place primitive, il ne peut plus avancer que d'un pas ; mais si un pion adverse est déjà poussé à sa cinquième case, et qu'on veuille lui faire faire deux pas, le pion de la cinquième case peut *prendre en passant* le pion avancé de deux cases.

PAT : le Roi est *pat*, soit quand il est seul sur l'échiquier, et se trouve n'étant pas en état de bouger sans se mettre sous l'échec d'une pièce adverse, soit avec des pions et des pièces qui ne peuvent plus se mouvoir.

PION DOUBLÉ : c'est celui qui, par une prise, vient de se placer sur une ligne directe d'un autre pion, soit devant, soit derrière. Ordinairement, c'est un désavantage, bien que, dans certains cas, ces deux pions soient très-utiles.

PION ISOLÉ : c'est celui qui reste seul sans être soutenu par aucun.

PION LIÉ : c'est celui qui est soutenu immédiatement par un autre.

PION PASSÉ : c'est un pion qui n'en a pas devant lui, ni dans les deux colonnes de sa droite et de sa gauche, de telle sorte qu'il faut une pièce pour la prendre et l'empêcher d'aller à dame.

PION A DAME : c'est un pion arrivé à la huitième case de l'échiquier, et qui donne au joueur le droit de prendre à sa place la pièce qui lui convient. De cette manière, on peut avoir plusieurs dames. En portant le pion à dame, il faut faire attention si l'on doit prendre toute autre pièce que la Reine, pour ne pas faire le Roi pat.

POSITION : arrangement le plus avantageux des pions et des pièces.

REMISE : une partie est *remise* lorsque, par l'égalité des pièces ou par leur disposition, le mat est impossible.

ROC : saut du Roi.

ROQUER : c'est apporter, soit la tour du Roi, soit la tour de la Reine auprès du Roi, de manière que celui-ci saute par dessus la tour et se place sur la case opposée. Par exemple, si vous roquez avec la tour du Roi, il occupe, après, la case de son cavalier; si avec la tour de la Reine, il occupe la case du fou de celle-ci.

SOUFFLER LES PIONS : les saisir.

TRAIT : le trait est le droit de jouer le premier.

FIN.

Versailles.—Imprimérie CERF, 59, rue du Plessis.

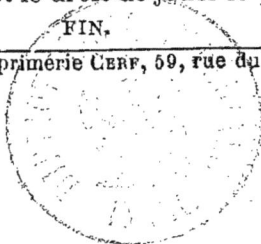

ALBUM

DES JEUX

—

TRICTRAC

ALBUM ILLUSTRÉ DES JEUX

Par VAN TENAC

14 volumes, format Charpentier.

VERSAILLES. — IMPRIMERIE CERF, 59, RUE DU PLESSIS.

ALBUM DES JEUX

TRAITÉS

DE TRIC-TRAC

DE JAQUET

ET DE JAQUET DE VERSAILLES

PAR

VAN TENAC, CORRARD ET JEANDEL

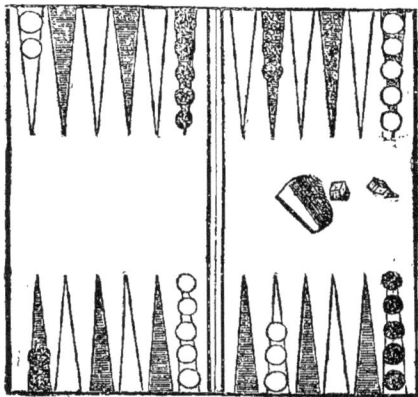

PARIS

PASSARD, LIBRAIRE-ÉDITEUR

7, RUE DES GRANDS-AUGUSTINS

TRAITÉ

DU

JEU DE TRICTRAC

Le Trictrac se joue sur un damier qui a vingt-quatre *flèches* ou lames, blanches et vertes ; le long de la bande sont des trous, percés vis-à-vis de chaque flèche.

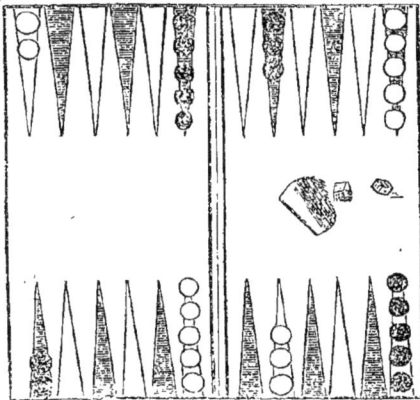

Les deux joueurs ont chacun quinze dames, les

unes noires, les autres blanches ; un cornet, deux
dés, trois jetons plats pour marquer les points, et
deux *fichets* pour marquer les trous ou parties.

Les joueurs mettent eux-mêmes les dés dans le
cornet.

On commence par poser ses dames en masse sur
trois *piles* dans la première *flèche* du trictrac, de
façon que la personne avec qui l'on joue ait les
siennes à sa droite.

On donne le choix des cornets et l'on tire un dé
pour savoir à qui jouera : le dé qui a le plus haut
point gagne la primauté et joue les points de ce
premier coup.

Le plus gros dé doit toujours être nommé le premier ; ainsi l'on dira six et deux, quatre et trois,
cinq et as.

Les nombres dissemblables, comme six et cinq,
quatre et trois, etc., sont dits *simples*. Ceux qui
viennent égaux comme deux six, deux cinq, deux
quatre, etc., sont appelés *doublets*.

Tous les doublets ont leur nom particulier : les
deux as *bezet* ou *ambezas,* les deux deux *double
deux,* les deux trois *ternes,* les deux quatre *carmes,*
les deux cinq *quines,* et les deux six *sonnez.*

Pour jouer avec ordre, si l'on amène *bezet,* il
faut d'abord jouer deux dames de ses *piles* et les

accoupler sur l'as, qui est la *flèche* sur laquelle les dames sont empilées ; cela s'appelle *abattre du bois ;* ou bien l'on peut n'abattre qu'une dame sur la seconde flèche, ce qui se dit *jouer tout d'une ;* mais il faut excepter dans ce cas *sonnez* et *six cinq,* parce que la règle ne permet pas de mettre une dame seule dans son *coin de repos,* encore moins dans celui de l'adversaire.

Il est prudent d'accoupler deux dames ensemble dans la table où les dames sont en piles pour *caser.* On passe ensuite dans la seconde table, celle où est le *coin de repos.*

Pour jouer le nombre que l'on a amené, on ne compte jamais la *flèche* d'où l'on part.

Pour la *marche,* on observera que le nombre *pair* va toujours de *flèche* blanche en *flèche* blanche, et le nombre impair de *flèche* blanche en *flèche* verte, et de *flèche* verte en *flèche* blanche.

La *partie de trictrac* ou le *tour* est de douze trous. On les marque sur les bandes du trictrac à mesure qu'on les prend. Le joueur qui les prend tous avant que l'adversaire en ait eu aucun, gagne la *partie bredouille* ou double ; mais elle ne se paye double que lorsque les joueurs en sont convenus à l'avance.

Il faut douze points pour gagner un trou ; les

points se marquent avec les jetons au bout et devant les *flèches* du trictrac, savoir : deux points devant la *flèche* de l'as, quatre points entre la *flèche* du trois et celle du quatre, six points contre la bande de séparation devant la *flèche* du six, huit points dans la seconde table près la bande, dix points devant la *flèche* du dix ou près la bande du fond. A l'égard des douze points qui font le trou, *partie simple* ou *double,* on les marque avec le fichet sur la *bande* du trictrac, à commencer du côté où les dames sont en *piles.*

Quand on a jeté le dé, il faut voir le gain ou la perte qu'on fait avant de toucher son bois, car bois touché est censé joué, à moins que la dame touchée ne puisse être absolument jouée, comme lorsqu'on donne dans un coin qui n'est pas encore pris et où un autre ne saurait entrer ni sortir seul, ou qu'on donne dans le grand *jan* de celui contre qui on joue avant qu'il ne soit rompu. Lors donc qu'on veut seulement regarder la couleur de la flèche pour compter ce qu'on gagne, il faut dire *j'adoube* pour pouvoir toucher son bois.

Il faut toujours marquer les points qu'on gagne avant de toucher son bois, autrement l'adversaire a le droit de vous envoyer à l'école.

Le premier qui marque ne se sert que d'un jeton ;

s'il gagne douze points sans être interrompu par l'adversaire, il marque deux trous, ce qui se nomme *partie bredouille.*

Celui qui gagne des points en second les marque avec deux jetons; s'il en prend douze sans interruption, il marque de même deux trous *partie bredouille;* lorsqu'il est interrompu, l'adversaire, en marquant les points qu'il gagne, lui ôte un de ses jetons, ce qui s'appelle *débredouiller,* mais il est bienséant de se débredouiller soi-même, sans attendre que l'adversaire le fasse. Celui qui parvient le plus tôt au nombre de douze points, ne marque alors qu'un trou, ce qui s'appelle *partie simple.*

Le joueur qui marque un ou deux trous, non-seulement efface tous les points de l'adversaire, mais encore (s'il veut tenir) il conserve ce qu'il a de points au-delà de douze pour le trou. S'il arrivait que l'adversaire fût *battu à faux,* il marquerait alors de son côté en *bredouille* les points qui lui sont donnés.

Lorsqu'on a gagné un ou deux trous de son dé, on a la liberté de *s'en aller,* c'est-à-dire de lever les dames, qu'on *empile* de nouveau pour recommencer à les *abattre* et faire de nouveaux *pleins,* jusqu'à ce que l'un des deux joueurs ait gagné le *tour* ou la *partie complète :* en s'en allant, on ne se

1.

conserve aucun des points qui sont restés ; de même, on efface ceux de l'adversaire, qui ne marque jamais qu'après le coup joué ceux qu'il gagne *battu* à *faux,* autrement dit par *jan qui ne peut ;* si, au contraire, les points qu'on gagne et qui font marquer le trou, proviennent du dé de l'adversaire, on ne peut *s'en aller,* et l'on conserve tous les points qui restent au-delà des douze qui ont fait marquer le trou.

DES JANS

On compte huit jans au jeu de trictrac :

Le 1er est le jan de trois coups ;

Le 2e le jan de deux tables ;

Le 3e le contre-jan de deux tables ;

Le 4e le jan de méséas ;

Le 5e le contre-jan de méséas ;

Le 6e le petit jan ;

Le 7e le grand jan ;

Le 8e le jan de retour.

DU JAN DE TROIS COUPS.

Le JAN DE TROIS COUPS, ou *jan de six tables,* se fait quand en trois coups, au commencement de la partie, et chaque fois qu'on recommence après avoir *levé* toutes les dames, on *abat* six dames de suite, savoir : cinq dans la première table et une dans la seconde à la première *flèche,* en observant qu'on n'est pas obligé de faire ce *jan ;* il suffit d'amener du troisième coup le nombre convenable pour qu'il vaille quatre points, et l'on fait la *case* qu'on trouve la plus avantageuse dans la table du *grand jan,* de deux des quatre dames abattues dans la table du *petit jan.*

DU JAN DE DEUX TABLES.

Il se fait lorsqu'on n'a que deux dames abattues, l'adversaire n'ayant pas son *coin,* et que les nombres amenés par les dés du joueur vont, l'un, de l'une de ses dames à son *coin,* l'autre, de son autre dame à celui de son adversaire : ce coup vaut quatre points par *simple* et six par *doublet ;* et on abat d'autres dames des *piles,* car on ne peut prendre son coin qu'en y mettant deux dames, et on ne peut en mettre ni une, ni deux, dans celui de l'adversaire.

On ne peut faire ce *jan* qu'une fois chacun, et le second peut le faire après, s'il n'a aussi que deux dames abattues, que les deux *coins* soient vides et que les nombres de ses dés aillent, l'un, d'une de ses dames à son *coin,* et l'autre, de son autre dame à celui de son adversaire.

DU CONTRE-JAN DE DEUX TABLES.

Lorsqu'on n'a que deux dames à bas et que l'adversaire a son coin, si le dé qu'on amène fait battre les deux coins, l'adversaire marque quatre points par simple et six par doublet.

DU JAN DE MÉSÉAS.

C'est lorsque ayant pris son coin sans avoir d'autres dames abattues (l'adversaire n'ayant pas le sien), l'on amène un ou deux as. Ce coup vaut dans le premier cas quatre points, et six dans le second par *doublet.*

DU CONTRE-JAN DE MÉSÉAS.

Il se fait quand le joueur ayant son coin, sans avoir d'autres dames abattues, et l'adversaire le sien, on amène un ou deux as, et l'on perd quatre ou six points.

DU PETIT-JAN.

Le *petit jan* ou *petit plein* se fait en commençant dans la première table où sont les *piles* de dames, quand on n'amène que du petit jan comme *bezet,* deux et as, trois et as, etc.

Quand on remplit d'une façon par *simple,* il vaut quatre points à six par *doublet.* En *remplissant* de deux façons par *simple,* on gagne huit points et douze par *doublet.*

Si on peut remplir de trois façons, il vaut le double *doublet* ou douze points ; quand on a gagné un ou deux trous de son *petit jan,* il est prudent de s'en *aller,* si l'adversaire a beaucoup de dames dans sa seconde table, avec lesquelles il *battrait* celles que l'on aurait découvertes, et le *coin,* s'il avait le sien, et forcerait de passer l'une des dames dans la table de son *petit jan,* où elle serait battue ; on ne pourrait que difficilement faire le *grand jan* ayant une dame de moins.

Pour conserver son *petit jan,* on ne peut prendre son *coin de repos* par *puissance* en jouant *quines* pour *sonnez.* La règle veut qu'on ne puisse pas prendre son *coin* par *puissance,* quand on peut le prendre par *effet.* On est obligé de *rompre,* à moins qu'il n'y ait *passage libre* dans la table du *grand jan* de l'adversaire, pour passer dans celle de son *petit jan,* encore ne peut-on y passer que s'il ne peut plus faire son *petit jan* ou *petit plein.*

DU GRAND JAN OU JAN PLEIN.

Il se fait dans la seconde table. Quand on *remplit* d'une façon par *simple,* on gagne quatre points ; de deux façons par *simple,* huit points ; et de trois façons, douze points.

Tant qu'on le conserve, on gagne quatre points par *simple* et six par *doublet,* chaque coup de dés que l'on joue.

DU JAN DE RETOUR.

Il se fait dans la table du *petit jan* de l'adversaire, où étaient *empilées* ses dames, et en *remplissant ;* tant qu'on *tient* on gagne, et on marque comme aux deux *jans* précédents.

Quand il ne reste qu'une *demi-case* à faire, on n'est pas censé *remplir* de trois façons. Si on a encore son *coin de repos,* on ne remplit que de deux façons, parce que les deux dames du *coin* ne peuvent en sortir séparément, et si l'on ne les sort à temps, on peut être obligé de rompre et de passer les autres dames sans pouvoir remplir.

La case du coin étant ici égale aux autres, on peut la faire à deux fois.

Quand toutes les dames sont dans cette table, on *lève,* c'est-à-dire, l'on met hors du *trictrac* les dames qui *battent* sur la bande, en commençant par les plus éloignées : on ne lève que celles qui ne peuvent se jouer, et l'on ne joue point *tout d'une,* à moins que ce ne soit pour conserver le *plein.*

A ce *jan,* la bande compte pour une *flèche ;* le joueur qui, ayant son *plein,* n'a plus qu'un six à jouer et amène six et as, conserve encore : il compte la *bande* et joue sa dame *tout d'une.* Mais ce coup ne lui est permis que pour conserver son *plein.*

Celui qui a levé le premier gagne quatre points, si son dernier coup est *simple ;* si c'est un *doublet,*

il gagne six points, qui lui restent ainsi que le dé
pour recommencer ; il oblige l'adversaire à lever
aussi ses dames, quand même il aurait encore son
plein.

On est dans l'usage quand deux joueurs ont
rompu et qu'il n'y a plus doute pour qui aura levé
le premier, que celui qui a le moins de dames à
lever, tire pour le dernier coup, d'accord avec
l'adversaire, afin de savoir si les nombres de ses dés
seront par *simple* ou par *doublet.*

DES DAMES BATTUES DANS LES DIFFÉRENTES TABLES

DAMES BATTUES DANS LA TABLE DU GRAND JAN.

Chaque *dame battue* dans la table du *grand
jan* de l'adversaire, vaut deux points lorsqu'on la
bat d'une façon par *simple ;* quatre points quand
on la *bat* de deux façons, et six points, si on la bat
de trois façons. Ainsi amenant cinq et trois, on
peut la battre du trois, du cinq et du cinq et trois.

Quand on la bat par *doublet* d'une façon, on

gagne quatre points ; et huit de deux façons qu'on nomme *double doublet*. Cette seconde est quand on amène deux quatre et qu'on la bat du quatre et double quatre, qui font huit ; ainsi des autres *doublets*.

D'un seul coup de dé on peut *battre* quatre dames et plus de celles que l'adversaire a découvertes, tant dans sa table du *grand jan,* que dans celle de son *petit jan.*

Pour *battre les dames* de l'adversaire, le joueur peut, en comptant des siennes, se *reposer* sur lui, comme sur l'une des *flèches* libres de l'adversaire ou sur celles où il n'a qu'une *demi-case,* avec cette différence, qu'on ne peut se *reposer* sur aucune *demi-case* de l'adversaire pour passer au *jan* de retour. Pour cet effet, il faut que la flèche soit totalement vide ; au lieu qu'une dame seule sur cette flèche est un vide sur lequel on peut se *reposer* pour *battre* plus loin.

DAMES BATTUES DANS LA TABLE DU PETIT JAN.

Chaque dame qu'on y *bat* par *simple* vaut quatre points, et six lorsqu'on la bat par *doublet.*

2

Dans cette table on ne peut *battre* aucune des dames de l'adversaire de deux, ni de trois façons, qu'on n'ait une ou plusieurs dames passées dans la table de son *grand jan*, ce qui arrive quand on a tenu au *grand plein*. Il en est de même quand on a tenu au *petit plein* et qu'on a été obligé, pour le conserver, de passer une dame dans la table du *petit jan* de son adversaire; auquel cas on peut battre ses dames de deux ou trois façons. Chaque dame qu'on y bat de deux façons vaut huit points par *simple* et douze points par *double doublet*.

DAMES BATTUES DANS LES TABLES DE RETOUR.

On peut encore *battre* les dames de l'adversaire, dans sa première et seconde table, lorsqu'il les y a passées pour faire son *jan de retour,* ou qu'il a été obligé de les y passer pour conserver son *grand plein* ou *grand jan,* de même que son *petit jan,* et l'on gagne comme aux tables du *grand* et *petit jan.*

JAN QUI NE PEUT, OU BATTRE A FAUX.

Chaque dame qu'on *bat à faux* dans la table du

grand jan de l'adversaire, lui vaut deux points par *simple* et quatre par *doublet,* et dans la table de son *petit jan,* quatre points par *simple* pour chaque dame *battue à faux* et six points par *doublet.*

On *bat à faux* dans cette dernière table, lorsque les dames de l'adversaire, où répondent l'un l'autre des points des dés séparément, sont couvertes, et que celles de la table de son *petit jan,* où vont les mêmes points joints ensemble, sont découvertes.

On se sert encore de ce terme de *jan qui ne peut* pour le coin *battu à faux,* comme pour une dame qui ne peut être jouée.

DU COIN DE REPOS

Tant qu'on n'a point ce coin, on est très-exposé à être *battu,* lorsque l'adversaire a le sien et particulièrement des dames dans la table de son *grand jan,* soit *cases* ou *demi-cases;* il faut donc le prendre dès qu'on en trouve l'occasion, et pour cela conserver une ou deux dames sur la cinquième *flèche* du *petit jan*, appelée le *coin bourgeois*, afin d'avoir des six à jouer pour prendre ce *coin de repos*.

Celui qui le prend le premier *bat* celui de l'adversaire, lorsque ayant des dames dans la table de son *grand jan*, soit cases ou *demi-cases*, les nombres des dés, vont l'un et l'autre de deux de ses dames, directement au coin de l'adversaire ; ce coup par *simple* vaut quatre points, et six par *doublet ;* on ne peut *battre* le *coin* de l'adversaire, d'un ou deux as, qu'on n'ait une ou deux dames en *surcase* sur le sien.

Quand on n'a point son coin, ni l'adversaire le sien, on peut le prendre par *puissance,* c'est-à-dire lorsqu'on amène six cinq, on le prend par cinq et quatre ; de même, lorsqu'on amène quatre et deux, par trois et as, etc.; mais il n'est permis de le prendre par *puissance* que lorsqu'on n'a point de dames avec lesquelles on puisse le prendre par *effet ;* et comme on ne peut prendre son *coin* qu'en y mettant deux dames à la fois, de même on ne peut les en ôter pour passer dans les tables de l'adversaire et y faire le *jan de retour* que toutes deux ensemble ; et pour chaque dame qu'on ne peut jouer, on perd deux points.

DES COMBINAISONS DES DÉS

Il y a trente-six combinaisons des deux dés, savoir: vingt et une *sensibles* et *réelles,* et quinze *réelles insensibles.*

Le sept, qui est le milieu des dés, a le plus de combinaisons, il arrive de six façons, et par conséquent il a six combinaisons à lui seul, en y comprenant les *réelles insensibles.*

EXPLICATION.

Le sept arrive de six façons :

Ci. . . . . . . 6 façons,			et il a 6 combinaisons		
8 et 6 de chacun 5	id.		10 id.	ensemble.	
9 et 5	id.	4	id.	8 id.	id.
10 et 4	id.	3	id.	6 id.	id.
11 et 3	id.	2	id.	4 id.	id.
12 et 2, ainsi que					
tous les doublets 1	id.			2 id.	id.

Preuve. . . 36

On peut faire une autre preuve en multipliant les points d'un dé qui sont six, par les points de l'autre

2.

dé, qui sont aussi six, et l'on trouvera que six fois six font trente-six.

Le sept ayant le plus de combinaisons, il est donc à propos de découvrir la dame où va ce nombre en comptant du coin de l'adversaire, quand on n'aura à craindre que deux coups, comme cinq et deux, deux et cinq, et à espérer quatre coups, comme six et as, as et six, quatre et trois, trois et quatre.

Les *doublets* sont plus rares que les *simples*.

Pour connaître combien on a de coups contre soi, il faut ajouter 10 au nombre sur lequel on a dé-couvert. Si on est découvert sur un cinq, on trouve que l'on a quinze coups contre soi, et seize sur le six

Sur trente-six points qu'on peut faire :

Le 6 a 10 combinaisons.
Le 5 a 15   id.
Le 4 a 14   id.
Le 2 a 12   id.
Le 1 a 11   id.

Des onze nombres qu'on peut faire avec deux dés, cinq se peuvent faire d'un dé seul, et avec les deux dés ensemble, comme 6, 5, 4, 3 et 2 ; au lieu que 12, 11, 10, 9, 8, 7, ne peuvent se faire qu'avec deux dés.

RÈGLES DU TRICTRAC

Dame *touchée, dame jouée,* à moins qu'on n'ait dit *j'adoube.*

Qui case mal peut être contraint, dès qu'il a touché ses dames, de rester où il est, ou de jouer d'une seule dame (s'il se peut) les deux nombres de ses dés.

Quand on gagne des points en second, qui doivent être marqués *bredouille,* et qu'on oublie de les marquer avec deux jetons, on ne peut marquer partie *bredouille* et l'on ne doit marquer qu'un trou.

Qui marque plus ou moins qu'il ne doit marquer et oublie de marquer les points qu'il gagne de son dé, ou de celui de l'adversaire, est envoyé à *l'école,* du plus comme du moins et de ce qu'il a oublié de marquer.

Quand un joueur fait exprès des *écoles* pour empêcher l'adversaire de lever ses dames et de *s'en aller,* ce qui le conduirait à perdre le *tour,* l'adversaire doit examiner s'il est de son avantage de laisser faire cette *école* et de la marquer.

On est maître de laisser faire *l'école* sans la marquer, ou de forcer, l'adversaire de marquer les points qu'il gagne ; s'il en marque sans les gagner, de l'obliger de rendre son jeton, pour empêcher de faire *l'école*.

Il n'est pas permis, pour le bien de son jeu, de n'envoyer à *l'école* que de deux, quatre ou six points ; la règle veut qu'on y envoie de tous les points que le joueur n'a pas marqués ; en sorte que celui qui a fait *l'école*, s'il y trouve son avantage, peut obliger de marquer son *école* toute entière.

On n'envoie point à *l'école de l'école,* mais celui qui envoie mal à propos à *l'école* et a marqué les points, est envoyé à *l'école* de ce qu'il a marqué mal à propos, et on l'oblige de démarquer les points de cette prétendue *école*.

Qui dit, je gagne huit points, et n'en marque que six, est envoyé à *l'école* de deux points ; et de même, qui dit, je gagne six points et en marque huit, est envoyé à *l'école* des deux points qu'il a marqués de trop.

Tant qu'on n'a point joué ni touché ses dames, si on gagne huit ou dix points et qu'on n'en ait marqué que quatre, ou tel autre nombre au-dessous de ce que l'on a gagné, on est reçu à marquer le surplus, quoiqu'on ait quitté son jeton, parce qu'on peut toujours l'avancer. Il n'en est pas de même de

celui qui a marqué de trop ; car *l'école* du trop marqué est faite dès qu'il a quitté son jeton, parce qu'on
ne peut le reculer.

Quand on veut *s'en aller*, et qu'on a des points de
reste au delà des douze pour le trou, il ne faut pas
les marquer, autrement il ne serait plus permis de
s'en aller.

Celui qui *s'en va* après avoir marqué le trou qu'il
a gagné de ses dés et qui a oublié de démarquer ses
points, ne peut être envoyé à *l'école* de ses points
marqués ; cependant il faut les démarquer, parce
qu'il ne doit plus lui en rester.

Si, au contraire, il *tient*, et qu'il oublie (après
avoir marqué son trou) de démarquer les points
qui lui ont servi à le prendre, il est envoyé à *l'école*
des points marqués ; si, cependant, il en a au delà
des douze, il n'est envoyé à l'école que de ce qui est
marqué de plus que ce qui doit lui rester.

Celui qui, gagnant deux trous, n'en marque
qu'un, n'est plus reçu à marquer l'autre, dès qu'il
y a eu un coup de joué : aussi ne peut-il être ren-
voyé à *l'école* de ce trou, parce qu'on n'envoie point
à *l'école* des trous, quoiqu'on puisse y être envoyé
de plus que d'un trou, en points oubliés à marquer.

Celui qui a marqué des points pour le *plein* qu'il
aurait pu faire et que cependant il n'a pas fait, pour

avoir touché une autre dame que celle qui devait y servir, est envoyé à *l'école* de ce qu'il a marqué, et obligé à jouer la dame qu'il a touchée ; si, cependant, il était plus avantageux à l'adversaire de faire faire le *plein,* il peut y contraindre et ne marque pas moins pour lui les points de *l'école.*

L'adversaire ne peut obliger de passer une dame dans sa première table, pour conserver le *petit jan,* tant qu'il peut faire le sien, et par la même raison, on ne peut, pour conserver le *grand jan,* passer une dame dans le sien, pour y rester tant qu'il peut le faire ; cependant, on peut emprunter ce passage, lorsqu'il est vide, pour transporter une dame dans la table de son *petit jan,* s'il n'y en a point, à la *flèche,* jusqu'où va le nombre des deux dés.

Il est permis de changer de dé et d'arrêter avec le bas du cornet un dé qui pirouette, comme aussi de *rompre* ceux de l'adversaire à la sortie du cornet, si l'on craint quelque coup dangereux ; mais il faut *rompre* très-promptement, de sorte que ni l'un ni l'autre ne puisse dire quel nombre avaient amené les dés ; il ne faut cependant pas *rompre* souvent, car on se ferait passer pour mauvais joueur.

Lorsqu'on est convenu de ne pas *rompre,* si on *rompt* les dés, l'adversaire peut jouer le nombre qui lui est plus avantageux.

Il ne faut point lever les dés que celui qui les a joués ne les ait vus et nommés.

Les dés qui vont sur les *bandes* et ceux qui ne sont pas sur leur cube, quoique dans le trictrac, sont nuls.

Quand un dé se casse, la partie qui paraît se compte et le coup est bon ; si cependant les deux faces cassées étaient dessous et que les deux autres représentassent chacune leurs points, le coup est nul, parce qu'on ne joue point avec trois dés.

On ne peut mettre, en faisant le *jan de retour*, une ni deux dames dans le *coin* de l'adversaire, quoiqu'il ne l'ait plus et ne puisse le reprendre ? on peut cependant, lorsqu'il est vide, y emprunter passage.

Quand on a quitté le *coin de repos*, on peut le reprendre par *puissance* ou par *effet* : dans le premier cas, il faut que l'adversaire n'ait plus le sien.

On ne peut lever, au *jan de retour*, que toutes les dames ne soient passées dans cette *table*, à moins que ce ne soit pour conserver ce *plein ;* on peut alors jouer *tout d'une* sur la *bande*, même plus d'une fois, si le cas arrive.

On est obligé de jouer dans la table du *jan de retour* tout ce qui peut y être joué ; par la même raison, on ne doit jamais tirer une dame *hors du tric-*

trac, que par défaut, c'est-à-dire quand les points excèdent le nombre des *flèches* qui se trouvent entre la dame la plus reculée et le bord du trictrac.

Celui qui a levé le premier, gagne quatre points, si son dernier coup est *simple ;* si c'est un *doublet,* il gagne six points, et a le dé pour recommencer.

CHANCES DU JEU

Le trictrac est un des jeux où l'esprit de combinaison se manifeste davantage et où il est plus utile de connaître, à chaque coup qu'on va jouer, ce qu'on peut espérer ou craindre des coups de dés suivants. Il faut jouer ses dames de telle façon que si l'on a en vue par exemple de se mettre en état de remplir ou de battre le coin de son adversaire ou telles autres dames qui sont exposées, il faut disons-nous, jouer de manière qu'on se ménage le plus grand nombre de coups de dés favorables. L'espérance qu'on a à chaque coup qu'on va jouer, est toujours susceptible d'être appréciée mathématiquement. Parmi les exemples nombreux qu'on en pourrait donner, nous nous bornons à un petit nombre des plus curieux et des moins difficiles.

PROBLÈME I. *Pierre et Paul jouent ensemble au trictrac. Pierre entreprend de prendre son grand coin en deux coups. Combien Paul peut-il parier contre lui?*

Ce problème est un des plus faciles qu'on puisse proposer; car il est aisé de remarquer que l'on ne peut prendre son grand coin en deux coups qu'en amenant ou deux fois de suite *sonnez,* ou deux fois de suite *six cinq,* ou *quine* la première fois et *sonnez* la seconde, ou enfin la première fois *sonnez* et la seconde *quine.* Or, la probabilité d'amener deux fois de suite *sonnez* est $\frac{1}{1296}$; celle d'amener deux fois de suite *six cinq* ou *cinq et six* est $\frac{4}{1296}$; car comme on peut amener de deux façons *six cinq* avec deux dés, la probabilité de l'amener au premier coup est $\frac{2}{36}$, et conséquemment celle de l'amener deux fois de suite est $\frac{2}{36} \times \frac{2}{36}$ ou $\frac{4}{1296}$. Pareillement la probabilité d'amener *quine* au premier coup et *sonnez* au second est $\frac{1}{1296}$; et enfin celle d'amener *sonnez* au premier coup et *quine* au second est encore $\frac{1}{1296}$. D'où il suit que la

3

somme de toutes ces fractions ou $\frac{7}{1296}$ est la probabilité d'amener une de ces quatre combinaisons de coups, ou de prendre son grand coin en deux coups. Ainsi Pierre ne doit parier pour jouer au pair que 7 contre 1289 ou 1 contre 184.

Il faut supposer ici que *Pierre* est premier à jouer, car si *Paul* avait pris lui-même son coin en deux coups, il est évident que la combinaison de deux fois de suite *sonnez* serait inutile, parce que *Pierre* ne saurait prendre son grand coin par deux fois *sonnez* qu'autant que *Paul* ne l'aura pas déjà.

Supposons donc, pour résoudre le problème plus complétement, que *Pierre* est second à jouer. Il est évident qu'il aura également pour lui les hasards ci-dessus, à l'exception de celui de deux fois *sonnez*, car ce dernier ne lui servira qu'autant que son adversaire n'aura pas déjà pris son coin. D'où il suit que l'avantage de ce hasard pour *Pierre* sera d'autant moindre qu'il sera plus probable que son adversaire ait pris son coin en deux coups; si la probabilité que *Paul* y réussira était, par exemple, $\frac{1}{2}, \frac{2}{3}$, il faudrait multiplier $\frac{1}{1296}$, valeur du hasard d'amener deux fois de suite *sonnez*, par $\frac{1}{2}, \frac{2}{3}$; ainsi il faudra ici multiplier $\frac{1}{1296}$ par $\frac{1289}{1296}$, qui est la probabilité que *Paul* ne prendra pas son coin en deux coups.

Le produit $\frac{1289}{1679616}$, qui est un peu moindre que $\frac{1}{1296}$, exprime pour le second en jeu la valeur du hasard d'amener deux fois *sonnez* pour prendre son coin. Ajoutant donc les trois autres hasards exprimés par $\frac{6}{1296}$, on aura pour l'évaluation de la probabilité que le second prendra en deux coups son coin $\frac{6}{1296} \times \frac{1289}{1879616}$ ou $\frac{9065}{1679618}$, ce qui est un peu moindre que $\frac{7}{1296}$.

PROBLÈME II. *L'un des joueurs a son jeu disposé de cette manière : quatre dames sur la première flèche dont elles partent, trois sur la seconde, deux sur la troisième, trois sur la quatrième, deux sur la cinquième et une sur la sixième. On demande ce qu'il y a à parier qu'il remplira et fera son petit jan ?*

Il est facile de voir que je remplirai par toutes les combinaisons de dés dans lesquelles il y aura un cinq, ou un deux, ou un quatre, ou dans lesquelles les dés feront ensemble cinq, quatre ou deux. Or, des trente-six combinaisons que peuvent former deux dés, il y en a d'abord onze où il y a au moins un quatre, il y en a pareillement onze où il y a au moins un cinq; mais les combinaisons quatre cinq et cinq quatre ayant déjà été employées parmi les précédentes, nous n'en compterons que neuf; on compte aussi onze combinaisons de dés où il se trouve au moins un deux, mais les combinaisons de deux cinq et de cinq deux, deux quatre et quatre deux ont déjà été comptées, on n'en doit compter que sept. On a enfin les coups *ambezas*, un et trois, trois et un, qui sont favorables pour remplir. Ainsi sur les trente-six combinaisons des deux dés il y en a, trente avec lesquelles on remplira. Par conséquent, il y a cinq contre un à parier que dans pareille position de dames on fera son *petit jan*.

Si l'on supposait que la dame qui est quatrième sur la première flèche, fût sur la troisième, alors il serait aisé de voir qu'il n'y aurait absolument que *sonnez* pour ne pas remplir. Ainsi on pourrait parier 35 contre 1 qu'on ferait son petit jan.

Nous nous bornons à cette esquisse de l'utilité de la doctrine des combinaisons dans le jeu de trictrac.

EXPLICATION DES TERMES

ABATTRE DU BOIS : c'est faire les points des dés en abattant, du *talon* ou des *piles*, deux dames à la fois, qui servent à faire le *petit jan*, si le cas arrive, et par la suite des *cases*, dans la table du *grand jan*.

ADOUBER, *j'adoube* : c'est toucher les dames, non pour les jouer, mais pour les arranger.

ALLER, *s'en aller* : terme dont on se sert quand on a gagné un ou plusieurs trous de son dé, et que son jeu n'est pas aussi beau que celui de l'adversaire : on dit alors *je m'en vas;* on lève les dames pour les remettre en *piles* et l'on recommence.

AVANCER : c'est jouer les dames dans la table de son *grand jan* pour prendre plus tôt son *coin*, battre celui de l'adversaire et ses dames découvertes, s'il s'arrête à faire son *petit jan*.

BANDES : Ce sont les bords percés vis-à-vis des *flèches*. On y marque les trous qu'on gagne. Celui qui jette les dés doit toujours les faire toucher la

2.

bande de l'adversaire. La bande compte pour une *flèche* au *jan de retour.*

BATTRE : se dit du *coin* de l'adversaire ou de ses dames, si elles sont découvertes, et que les points des dés aillent des dames du joueur à ce *coin* vide, ou à ses dames découvertes.

BATTRE A FAUX : quand l'un et l'autre des points des dés du joueur répondent à deux *flèches,* garnies de deux dames ou cases, et que les deux points réunis vont à une autre dame découverte, on appelle cela *battre à faux,* ou par *jan qui ne peut.* Elle vaut autant à l'adversaire qu'elle eût valu au joueur, s'il l'eût battue pour lui.

BATTRE A FAUX : se faire donner des points. Il est quelquefois à propos de découvrir ses dames, pour se faire *battre à faux* et donner des points, comme il est prudent de les couvrir, suivant les circonstances de son jeu.

BEZET ou *Ambezas :* se dit de deux as.

BREDOUILLE : gagner douze points de suite sans être interrompu par l'adversaire; on marque deux trous; c'est ce qui s'appelle *partie bredouille.*

Celui qui gagne des points en second pour faire voir qu'il est en *bredouille,* les marque avec deux jetons, qu'on nomme aussi *bredouille.* On appelle aussi *grande bredouille*, une partie gagnée sans que l'adversaire ait pris un trou.

CARMES : On appelle ainsi les deux quatre.

CASE : on nomme *case* deux dames sur une même *flèche ;* et lorsqu'il n'y en a qu'une, c'est une *demi-case* ou dame découverte qui peut être battue.

CASE DU DIABLE : la septième en comptant des *piles*. On la nomme ainsi, parce que le *plein* se fait difficilement, quand il s'achève par cette *case*.

CASE DE L'ÉCOLIER : est la plus proche du *coin de repos* et la dixième en comptant du talon. Les habiles joueurs tâchent, autant qu'ils le peuvent, de finir le *plein* par cette *case*.

CASES ALTERNES : se dit des cases entre chacune desquelles il y a une *flèche* vide. Elles rendent le *plein* difficile et mettent celui qui les a en danger d'être souvent battu.

CASER ou faire des *cases,* est placer deux dames sur la même *flèche*.

Fausse case : celui qui voulant faire une case, se trompe, et touche une autre dame que celle qui y peut servir, fait *fausse case,* et est obligé de remettre cette dame à sa place, ou l'adversaire peut la lui faire jouer à sa volonté.

Surcase ou *dames surnuméraires :* troisième dame sur une case déjà faite.

Coin de repos : la onzième *case*. On ne le prend qu'en y mettant deux dames à la fois ; et on ne peut le quitter pour passer au *jan de retour*, qu'en les ôtant de même toutes deux ensemble. Ce *coin* se prend par *puissance*, quand l'adversaire n'a pas le sien : mais quand on le prend par *effet*, il n'est pas permis de le prendre par *puissance*.

Coin bourgeois : la cinquième case dans la table du *petit jan*. Il est à propos d'y avoir une ou deux dames, pour faciliter la prise du *coin de repos*, quand on ne l'a pas.

Combinaison : s'entend du calcul des différents points des dés.

Conserver : s'applique à tous les *jans*. Chaque coup que l'on joue et que l'on *conserve*, on gagne des points.

Conserver par impuissance : on conserve par *impuissance* au *plein* du *grand jan*, quand on ne rompt point faute de *passage*, et qu'on ne peut jouer ; on gagne comme si l'on conservait en jouant ; mais l'adversaire marque deux points pour chaque dame non jouée.

Dame couverte : mettre une seconde dame sur une *flèche* où il n'y a qu'une *demi-case*.

Dame découverte : est une *flèche* sur laquelle il n'y a qu'une dame qu'on appelle *demi-case*.

Dame aventurée : celle qu'on avance toute seule, et qu'on ne prévoit pas pouvoir couvrir promptement.

Dame passée : celle qui ne peut plus servir à faire le *plein,* parce qu'elle se trouve au delà des *flèches vides.* On se sert aussi de ce terme, au *petit jan* et au *jan de retour,* et de même lorsqu'une dame peut passer (quand il y a passage libre) dans les tables de l'adversaire.

Dame non jouée ⟩ s'expriment par le terme
Dame battue a faux ⟩ de *jan qui ne peut.*

Dame touchée, *dame jouée :* pour toucher, sans être obligé de jouer, il faut dire *j'adoube.*

Débredouiller : interrompre l'adversaire dans les points qu'il a gagnés, et s'il les avait marqués avec deux jetons, il faut en ôter un pour le *débredouiller.* Quand on est *débredouillé* de part et d'autre, celui qui gagne le premier douze points, ne marque qu'un trou, ce qu'on appelle *partie simple.*

Doublet : Deux dés amenant des points semblables.

DOUBLE DOUBLET : quand les points des dés sont pareils et qu'on bat, ou remplit de deux façons.

ÉCOLE : faire une *école;* marquer une *école,* envoyer à *l'école,* quand l'un des joueurs, oubliant de marquer les points qu'il gagne, l'adversaire les marque pour lui ; c'est ce qu'on appelle envoyer à *l'école.*

ÉCOLE DE L'ÉCOLE : on n'envoie point à *l'école de l'école,* c'est-à-dire que si on fait une *école,* oubliant de marquer les points qu'on gagne et que l'adversaire ne s'en aperçoive pas, ou qu'il oublie de les marquer, on ne peut l'envoyer à l'*école,* parce qu'il n'y a pas envoyé.

FAUSSE ÉCOLE : celui, qui croyant que l'adversaire fait une *école,* marque les points de cette prétendue *école,* est envoyé à *l'école* de ce qu'il a marqué mal à propos ; c'est ce qu'on appelle *fausse école,* et non envoyer à *l'école de l'école.*

EFFET : le *coin* qu'on ne peut prendre par *puissance,* quand on peut le prendre par *effet.*

ENFILADE, *être enfilé :* c'est rompre son *plein,* découvrir ses dames et donner passage à l'adversaire, au moyen duquel il tient plus longtemps et marque des points pour son *plein,* pour les dames qu'il bat et pour celles qu'on ne peut jouer.

ÉTENDRE SON JEU : le disposer de manière à se ménager des dames à jouer, pour remplir de plusieurs façons ; et quand l'adversaire s'arrête à son *petit jan,* faire des *demi-cases,* afin de prendre son *coin* plus promptement, battre le sien, et battre ses dames découvertes.

FLÈCHES : Il y en a vingt-quatre, ordinairement blanches et vertes. Chaque joueur en a douze ; et on ne compte point celle d'où l'on part pour jouer, ainsi que pour battre.

FICHET : chaque joueur en a un pour marquer les trous qu'il gagne.

HORS DU TRICTRAC : hors du jeu. C'est pourquoi à mesure qu'on lève les dames, on les met dans l'autre table vide, parce que sur la bande elles seraient en danger de tomber.

JANS : il y en a huit, ainsi qu'on peut le voir dans le chapitre *des jans.*

IMPUISSANCE : conserver par *impuissance* est expliqué ci-devant à l'article *Conserver.*

JOUER SON COUP : c'est exprimer les points qu'on vient de faire, en posant une ou deux dames sur certaines *flèches.*

LANCES ou *flèches* sont la même chose.

LEVER LES DAMES : c'est la même chose que *s'en*

aller. Au *jan de retour*, on lève (quand toutes les dames sont passées dans la table de ce *jan*) toutes les dames qui ne s'y peuvent jouer.

Lois : on dit *lois* du *coin*, *lois* du *plein*, ou *grand jan*, de même que *jan de retour*. On ne doit point s'en écarter.

Marche du trictrac : s'entend du droit que chaque joueur a de faire le tour des tables, en commençant à son *talon* et finissant à celui de l'adversaire.

Marquer des points et des trous : on marque les points avec les jetons et les trous avec les fichets.

Mettre une dame dedans : s'entend lorsqu'il ne reste plus qu'une *case* à faire dans l'un ou l'autre de *jans* ou *pleins*, et qu'on met une dame seule sur la *flèche* vide, pour avoir une occasion prochaine de remplir d'une ou plusieurs façons.

Outre-passer : il est permis à un joueur de passer ses dames dans le *petit jan* de l'adversaire, lorsque le passage qu'il emprunte pour reposer est vide ; c'est ce qu'on appelle *outre-passer*.

Partie bredouille : *partie une et deux sans bouger; partie une et deux* se dit quand on gagne douze points de suite, sans être interrompu par l'adversaire et qu'on marque deux trous. Si on les gagne d'un seul coup, et qu'on ait déjà des points marqués en *bredouille*, c'est *partie une et deux sans bouger ;* c'est-à-dire que celui qui gagne les trous ne dérange point son jeton, mais il ôte celui de l'adversaire dont il efface les points.

PARTIE SIMPLE, *partie simple sans bouger ;* partie simple s'entend de même qu'il est expliqué à l'article précédent, avec cette différence qu'on ne marque qu'un trou.

REMARQUE : *Quand les joueurs n'ont qu'un jeton chacun sur jeu, c'est une marque qu'il n'y a point de* BREDOUILLE ; *mais quand il n'y a qu'un jeton ou trois sur jeu, c'est une preuve que l'un des deux joueurs est en* BREDOUILLE.

PASSAGE OUVERT : c'est une *flèche* totalement vide, sur laquelle on emprunte *passage* pour jouer une dame plus loin, ou bien c'est une flèche où il n'y a qu'une dame sur laquelle on se repose, pour battre plus loin une autre dame découverte, en assemblant le nombre des deux dés.

PASSAGE FERMÉ : *flèche* où il y a deux dames qui empêchent que le joueur ne puisse en passer une des siennes, dans la table du *petit jan* de l'adversaire ; et l'on ne bat jamais à faux, que par un *passage fermé*.

PASSER SON JEU : quand on est obligé de jouer les dames sans espoir de pouvoir remplir.

PASSER AU RETOUR : c'est entrer dans le jeu de l'adversaire quand il y a passage.

PLEIN : deux dames sur chacune des six *flèches* d'une table. S'applique au *petit jan*, au *grand jan* et au *jan de retour*.

PILES ou *talon* : la première *flèche*, où l'on arrange les dames en commençant.

PILES DE MALHEUR : quand les quinze dames d'un joueur sont toutes sur son *coin de repos*. On marquait autrefois, quand on faisait cette *pile*, quatre points par *simple* et six par *doublet,* et les mêmes points pour autant de coups que l'on jouait et qu'on la conservait ; mais on a aboli ces usages.

PRIVILÉGE : se dit des *jans* où l'on conserve par *impuissance*. Le privilége du *jan de retour* est de jouer *tout* d'une et de compter la bande pour une *flèche*. On appelle encore *privilége* le droit qu'un joueur a de rompre le dé de l'adversaire.

QUINES : quand les dés amènent deux cinq.

REMPLIR : voyez *Plein*.

REMPLIR EN PASSANT : se dit quand l'un des joueurs peut de l'une de ses dames, couvrir la dernière *demi-case* de l'un de ses *jans*, et qu'il est obligé de lever ou découvrir une autre dame plus éloignée, n'en ayant pas d'autre pour exprimer les points de son autre dé.

REFAIRE SON PLEIN : quand on a rompu, on peut refaire son *plein* une seconde et même une troisième fois, si les dés sont favorables.

RENTRER EN BREDOUILLE : on se sert de ce terme quand l'un des joueurs ayant été *débredouillé*, fait un grand coup qui lui procure l'avantage de marquer trois trous à la fois, et quelquefois cinq.

REPOS POUR BATTRE : s'entend lorsque l'adversaire a une dame découverte dans la table de son *grand jan* qu'on bat de l'un des dés ; c'est un passage sur lequel on peut se *reposer*, comme sur une *flèche* vide, pour battre une autre dame découverte dans la *table* de son *petit jan*, sur laquelle vont les points des deux dés joints ensemble.

REPOS POUR PASSER : on ne peut se reposer sur une *flèche* ou il y a une *demi-case* pour passer au *jan de retour ;* il faut que la *flèche* soit totalement vide, pour avoir ce passage permis.

REPRENDRE SON COIN : quand on a quitté son *coin*, on peut le reprendre par *effet* ou par *puissance*, si l'adversaire n'a pas le sien.

ROMPRE SON PLEIN : c'est être obligé de lever l'une des dames qui le composent, faute de pouvoir exprimer les points des dés avec d'autres dames.

ROMPRE LES DÉS : voir *Privilège*.

SERRER SON JEU : c'est dangereux. On s'ôte la facilité de remplir. Il faut se conserver autant qu'on le peut des cinq et des six à jouer.

SIMPLE, *coup simple :* on entend par ces termes deux dés dissemblables, comme trois et deux, cinq et quatre, deux et as.

SONNEZ : les deux six ensemble.

SORTIR LES DAMES : c'est au *jan de retour* tirer les dames hors du trictrac.

SURCASE : voyez *Dame surnuméraire.*

TABLIER, *table :* tout le trictrac et les quatre *tables* en font la plus grande partie ; pour les distinguer, on leur donne les noms des *jans* qui s'y font.

TALON : voyez *Piles.*

TENIR ne pas *s'en aller* : il est permis au joueur qui marque un ou plusieurs trous provenant des points de ses dés, de *tenir* ou de *s'en aller;* on est obligé de *tenir* quand le trou, ou les points pour l'achever proviennent du dé de l'adversaire.

TERNES : les deux trois ensemble.

TOUR DU TRICTRAC : il faut douze trous pour gagner le *tour*, qui signifie la partie entière.

TOURNER UNE CASE, ou *revirer :* se dit quand d'une case déjà faite, on ôte une dame pour en composer une autre *case* entière en y joignant une autre dame. Les bons joueurs ne négligent pas cette occasion.

TOUT A BAS : on se sert de ce terme quand pour exprimer les points des dés, on abat ou joue deux dames des *piles*.

TOUT D'UNE : se joue d'une seule dame des *piles* ou par *transport*, lorsqu'elle est abattue.

TRANSPORT : on appelle jouer *par transport* toutes les dames qui sont abattues des *piles*, dont on fait des *cases* ou *demi-cases*.

LE JAQUET ou JOKEY.

Ce jeu dérive du trictrac ; il se joue dans une table semblable : on y empile les dames de manière que chaque joueur les ait dans le coin à gauche de son adversaire.

On a quinze dames de chaque couleur, deux cornets et deux dés, et chacun met les dés dans son cornet.

On tire un dé, à qui jouera pour commencer, et l'on nomme, comme au trictrac, le plus gros dé le premier. Les règles pour jeter les dés sont aussi les mêmes qu'au trictrac.

Quand on commence, on ne peut faire aucune

4

case, c'est-à-dire accoupler les dames sur aucune flèche, avant qu'une des dames ne soit arrivée dans la dernière table qui est celle que l'on a devant soi, à sa droite.

Si donc on amène *double cinq,* on pourra rentrer une dame dès le premier coup, car les doubles se jouent deux fois, et, comme les deux dés forment *dix,* on franchit ainsi vingt flèches. Ce chiffre est au reste plus avantageux pour un premier coup.

Une fois qu'on a une dame *rentrée,* on joue à volonté soit à faire des cases, c'est-à-dire accoupler des dames sur les flèches, soit en faisant les points gagnés avec une ou plusieurs dames pour boucher le passage à l'adversaire, soit encore en rentrant chaque fois les dames qu'on peut rentrer.

Si, du premier coup l'on amenait *tous les six,* on ne pourrait en jouer qu'un seul, par la raison que le second est occupé par les *piles* de l'adversaire, et qu'on ne peut jouer à une seconde dame avant que la première ne soit rentrée. Si l'on avait déjà une dame rentrée et qu'on n'eût pas d'autre *six* que celui du coin correspondant à celui occupé par les *piles* de l'adversaire, on sortirait quatre dames pour marquer tous les six, c'est ce qu'on appelle se *faire du bois.*

Si l'on amène *double trois* du premier coup, on

ne peut marquer que *neuf*, parce que le second *six* est occupé par l'adversaire et que l'on ne peut compléter le point de douze en marquant *trois* d'une autre dame. Mais si l'on a déjà une dame de rentrée, on peut mettre quatre dames sur le premier trou, on marque les douze points d'une seule ou de plusieurs dames, et ainsi pour tous les nombres.

Quand on a échelonné des dames sur les flèches qui conduisent à la table qu'on a devant soi, à droite, on commence à rentrer dans cette table les dames de ses *piles*, et lorsque tout est rentré, on *sort*.

Les dames se sortent à mesure et avec la meilleure économie possible. Ainsi, supposez toutes les dames rentrées dans votre dernière table et qu'il vous arrive *tous les cinq*, c'est-à-dire *double cinq*. Comme vous pouvez *sortir* quatre dames de votre cinquième flèche, il faut voir si cette flèche est chargée, car si la sixième avait plus de quatre dames, tandis que la première flèche serait vide, il pourrait être avantageux de ne sortir qu'une ou deux *cinq* et de ne marquer les deux autres en prenant deux dames du *six* pour en charger l'*as*, afin de se préparer des as.

L'on ne peut se placer sur une flèche occupée par l'adversaire. Si donc votre adversaire est parvenu à remplir six flèches qui se suivent, il a intercepté tout passage, et vous ne pouvez plus avancer jusqu'à ce qu'il ait amené un dé qui l'oblige de lever les dames d'une de ses flèches, laquelle alors vous vous efforcez de prendre pour rétablir votre correspondance.

L'on peut empiler toutes ses dames sur une seule flèche, mais comme c'est très-désavantageux, cela n'a lieu que lorsqu'on y est forcé, faute de place.

LE JAQUET DE VERSAILLES

PAR MM. CORRARD ET JEANDEL

Le Jaquet de Versailles est une modification du Jaquet ordinaire. Ses avantages sont d'accélérer la partie, en faisant, autant que possible, qu'aucun coup de dé ne soit perdu, et de donner un attrait à la partie, en laissant la possibilité de la défendre et de gagner encore, quels que soient le retard et la mauvaise position : ce qui n'est guère possible à l'ancien Jaquet.

La principale modification consiste à multiplier les doublets, non par 4, ce qui est la règle du Jaquet, mais d'après le principe de la multiplication, c'est-à-dire le chiffre multiplié par lui-même : ainsi les 2 as ne donnent droit qu'à jouer 1 point : les 2 deux, donnent le droit de jouer 2 fois 2 ou 4 ; les deux 6 donnent six multipliés par six, et on joue 6 fois 6 ou 36. On comprend de suite quel changement peut se produire dans une partie où le joueur le plus avancé aurait un double as et où le retardataire amenerait un double six.

La seconde modification consiste dans ce principe, qu'aucun coup de dé ne doit être perdu ; d'où les conséquences suivantes : les deux joueurs tirent la primauté, en jetant chacun un dé, celui qui a le plus haut point la gagne et joue les deux points de ce premier coup : si c'est un doublet, les deux joueurs font chacun ce doublet et recommencent à tirer, si un doublet se renouvelle, ils le font encore et retirent.

Si un joueur ne peut jouer la valeur des deux dés, il doit jouer le plus fort, l'adversaire fera l'autre : si le joueur ne peut en faire aucun, l'adversaire fera les deux ; si l'adversaire lui-même n'a pu faire le compte : par exemple, si dans un sonnez (2 six) il n'a pu faire que 2 ou 3 six et qu'il ait ainsi ouvert de nouvelles cases au joueur, celui-ci reprendra la main pour parfaire le compte.

Le parti que l'on peut tirer de ces principes pour conduire son jeu est très-grand. Les bas numéros présentent peu d'intérêt, mais il y a grand intérêt à se ménager la correspondance des gros numéros comme les 5 ou les 6. Cet intérêt est tel, qu'un joueur, qui a une grande avance, peut compromettre sa partie et la perdre, s'il n'a pas assez de six et qu'il ait à faire 6 six, soit qu'il les ait amenés ou que ce soit son adversaire. Il peut arriver, dans cette position, qu'il soit obligé de faire partir les dames qui maintiennent la communication de son jeu, et de voir l'adversaire le couper en emplissant six cases de suite avec ses dames. La tactique de ce jeu consiste, quand l'adversaire a peu de 5 ou de 6, à lui ouvrir les cases qui peuvent faire partir les dames qui maintiennent sa communication.

Nous établissons ainsi les règles de ce jeu:

1° Chaque joueur a 15 dames empilées dans un jeu de trictrac, à la première de son petit jan à sa gauche ;

Il ne fait marcher qu'une dame jusqu'à ce qu'elle soit parvenue dans le grand jan de son adversaire : quand il a une dame dans cette position, il joue, d'après les points indiqués par les dés, les dames que bon lui semble. Aucune dame ne peut s'arrêter sur une base occupée par une dame adverse.

2° Chaque joueur fait autant de points qu'en marquent les dés : s'il amène un doublet, il fait autant de points que donne le nombre multiplié par lui-même.

3. Les joueurs débutent en jetant chacun un dé; celui qui a le point le plus fort fait les points marqués par les deux dés : en cas de doublet, les joueurs font chacun ce doublet et recommencent à tirer la primauté.

4. Si un joueur ne peut faire les points des deux dés qu'il a amenés, il fait le plus fort, l'adversaire fait l'autre, ou fait les deux, si le joueur n'a pu en faire aucun. Si l'adversaire n'a pu en faire qu'un en ouvrant une case au joueur, celui-ci fait le second point.

5° Quand un joueur a toutes ses dames entrées dans le grand jan de son adversaire, il les retire d'après les points des dés qu'il amène. Le joueur qui le premier sort toutes les dames, gagne la partie : il gagne double, si l'adversaire n'a sorti aucune dame.

TABLE

VERSAILLES. — IMPRIMERIE CERF, RUE DU PLESSIS, 59.

ALBUM

DES JEUX

—

DAMES

ALBUM ILLUSTRÉ DES JEUX

Par VAN TENAC

14 volumes, format Charpentier.

~~~~~~~~~~~~~~~~~~~

VERSAILLES. — IMPRIMERIE CERF, 59, RUE DU PLESSIS.

ALBUM DES JEUX

TRAITÉ

DU

JEU DE DAMES

LOIS

RÈGLES, CONVENTIONS ET MAXIMES

POUR LE BIEN JOUER

PAR CHARLES VAN TENAC

PARIS

PASSARD, LIBRAIRE-ÉDITEUR

7, RUE DES GRANDS-AUGUSTINS

TRAITÉ

DU

JEU DE DAMES

I.

HISTORIQUE.

L'origine du *jeu de Dames* est, sinon tout à fait ignorée, du moins très-incertaine. On sait seulement que ce jeu remonte à l'époque la plus reculée: c'est en effet ce que nous apprend un ouvrage qui parut en 1668 sous le titre: *le Jeu de Dames, avec toutes les maximes et règles tant générales que particulières qu'il faut observer en icelui et la méthode d'y bien jouer,* par *Pierre Mallet,* in-génieur ordinaire du roi et professeur de mathéma-

tiques. L'auteur affirme que « ce jeu est de beau-
« coup antérieur à celui des échecs, et que les peu-
« ples les plus anciens y jouaient presque à la nais-
« sance du monde. » Toute origine — qu'il s'agisse
d'une république ou d'un jeu — est tant soit peu fa-
buleuse et se perd dans la nuit des temps ; mais, en
faisant ici la part de la fable, on induit évidemment
du témoignage de Pierre Mallet, que le *jeu de Dames* dit *à la française* était connu plus d'un siècle
avant la publication de son livre, car ce jeu était tel-
lement en vogue du vivant de l'auteur, « qu'il n'y
« avait presque pas une maison où il ne se trouvât
« un damier. »

Quant au jeu de *Dames à la polonaise*, ce n'est autre chose — il est facile de s'en convaincre — que l'ancien jeu perfectionné : il n'a guère aujourd'hui plus
d'un siècle d'existence. Selon M. *de la Condamine*,
qui avait vécu à la cour du roi Stanislas, la Pologne
ni les Polonais n'entraient pour rien dans la dénomination du jeu : il s'était joué à Paris avant d'être connu en Pologne ; et cet illustre savant disait tenir de
Stanislas lui-même que l'on distinguait en Pologne le
jeu à la polonaise du jeu à la française en désignant
le premier sous le nom de *jeu de Dames à la française*, ce qui prouve, ajoutait-il, que des Français
l'avaient porté en Pologne.

Ce jeu paraît s'être introduit à Paris vers l'année 1727. On commença a le jouer dès cette époque dans quelques cafés, et notamment à l'hôtel de Soissons, dans un café situé immédiatement au-dessous de la salle où l'on jouait à la roulette. En 1730, on le jouait au café de l'Opéra, établi alors au coin de la rue St-Honoré et de la rue des Bons-Enfants ; mais il y était nouveau encore, puisqu'on ne lui réservait que deux tables, tandis que toutes les autres étaient occupées par des joueurs de Dames à la française.

Enfin, l'invention du jeu *à la polonaise* est attribuée à un officier du régent, grand amateur de l'ancien jeu. Il y jouait ordinairement avec un étranger de sa force, et qu'on appelait *le Polonais*. Ayant remarqué, en jouant ensemble, qu'il y aurait de bien plus beaux coups à faire si le damier, au lieu de huit lignes, en avait dix, et qu'au lieu de quatre cases à chaque ligne, il y en eût cinq, ils imaginèrent un plan d'après ces données ; puis, s'étant concertés avec d'autres amateurs, ils arrêtèrent la marche et les règles du nouveau jeu.

Quoi qu'il en soit, le nouveau jeu ne tarda pas a l'emporter sur l'ancien, et le jeu de *Dames à la française* est aujourd'hui presque abandonné.

Comparé au jeu à la polonaise il est, on peut le dire, fort borné : le damier n'a que *soixante-quatre*

cases; il n'y a que *vingt-quatre* pions : *douze* de
chaque couleur. Les pions ne marchent qu'en avant ;
ls ne font qu'un pas à la fois, à moins qu'ils ne prennent, et ils ne prennent point en arrière. La dame
ne fait non plus qu'un seul pas, mais elle peut prendre et marcher en arrière comme en avant. Bien que
ce jeu ne soit pas aussi riche ni aussi varié que le
jeu à la polonaise, il a pourtant ses finesses et ses
difficultés.

Mallet, qui en avait fait une étude sérieuse, sou-
tient qu'il est d'une si grande et si profonde spécu-
lation, « que personne n'en avait encore eu de son
« temps une parfaite connaissance, quelque savant
« que l'on fût, soit dans la théorie, soit dans la pra-
« tique des arts et des sciences, même de celles qui
« sont démonstratives, telles que les mathématiques,
« et que l'on n'avait pas encore trouvé démonstrati-
« vement — ce qu'il ne croit pas lui-même possible
« — la partie avec laquelle on peut gagner toutes les
« autres.»

Au surplus, comme les règles de l'ancien jeu — à
l'exception des différences qui ont été signalées plus
haut — sont les mêmes que dans le nouveau, on
s'occupera uniquement dans le présent traité de la
théorie du jeu de *Dames à la polonaise.*

II.

TERMES TECHNIQUES.

1. DU COUP. — Ce mot a trois significations différentes et distinctes : *jouer son coup, faire un coup, gagner le coup.*

Jouer son coup, c'est jouer à son tour alternativement.

Faire un coup, c'est exécuter une combinaison plus ou moins brillante, ou plus ou moins avantageuse, et qui demande souvent le mouvement de plusieur pions, tant de l'une que de l'autre couleur. C'est, en un mot, résoudre un problème arrivé à maturité.

Gagner le coup, c'est avoir disposé son jeu de manière que l'adversaire n'ait plus l'attaque, qu'il soit réduit à la défense et qu'il ne puisse même jouer sans perte. Souvent on donne à son adversaire des pions à prendre de deux côtés à la fois, pour *gagner le coup* et avoir ainsi le temps de terminer une combinaison qui doit décider de la partie. On conçoit que le joueur qui a deux fois de suite à prendre, étant forcé de prendre par les lois du jeu, ne peut empêcher, pendant ce temps, son adversaire d'avancer les pions dont il à besoin pour compléter sa combinaison.

2. DE L'UNE POUR UNE, OU DU TANT POUR TANT.
— *L'une pour une*, cela se conçoit, est un simple
échange de pions ; mais cette opération, si facile en
apparence, demande pourtant beaucoup de tact, de
prudence et d'attention ; *l'une pour une* est d'un
grand secours, quand on redoute son adversaire,
quand on a pris une position aventurée, quand le
jeu est embarrassé. Êtes-vous trop pressé par votre
adversaire, craignez-vous que ses attaques ne cachent
quelque combinaison savante que vous ne pouvez
apercevoir ? *pionnez*, c'est-à-dire faites *l'une pour
une*, et vous serez dégagé, ses plans seront détruits;
vous aurez désormais toute la liberté de vos mouvements; et qui sait même? peut-être, par cette tactique employée à propos, parviendrez-vous à *avoir le
coup*? En parlant de *l'une pour une*, il n'est pas
besoin sans doute de prouver que le *deux pour
deux*, le *trois pour trois*, que le *tant pour tant*, en
un mot, procure les mêmes avantages, et qu'on peut
toujours faire des échanges avec profit, toutes les
fois qu'on a une position difficile ou que l'on craint
quelque piége.

3. DU TEMPS OU DU COUP DE REPOS. — *Le
coup de repos* est une position dans laquelle votre

adversaire ayant plusieurs fois de suite à prendre, vous avez par conséquent autant de coups à jouer à volonté et sans obstacle. S'il a une fois à prendre, vous avez sur lui ce qu'on appelle un *temps*; s'il a deux fois à prendre, vous avez *deux temps*, ainsi de suite; c'est dans cet intervalle que vous pouvez préparer un coup et amener pour vous le gain de la partie. L'explication du mot *coup* complète, au reste, ce qu'on entend par un *temps*, ou par *coup de repos*.

4. DE LA LUNETTE. — On appelle *lunette* la case vide entre deux pions de même couleur, derrière lesquels il y a aussi des cases vides, en sorte que si l'adversaire pousse son pion sur cette case intermédiaire, il est assuré de prendre l'un des deux pions, parce que le joueur qui a laissé la lunette, ne jouant qu'un coup, ne peut sauver que l'un des deux pions.

Si l'on joue avec un fort joueur, il faut se défier de cet appât. Les grands joueurs font usage de la lunette pour prépaer leurs coups, et cela leur réussit presque toujours; car les joueurs plus faibles, quoique prévenus du danger, résistent rarement à la tentation.

5. DU PION EN PRISE.— Le *pion en prise* est un pion qu'on aventure et derrière lequel l'adversaire

peut en mettre un pour le prendre. Ce pion est dans une position telle, qu'on ne peut le sauver : si donc on joue contre un fort joueur, il faut se défier du pion en prise comme de la lunette, et ne pas mettre un pion derrière pour l'attaquer sans être bien certain qu'il n'existe aucun piége. On peut voir un exemple du pion en prise dans les tableaux (n°ˢ 70, 71, 72) ci-après.

6. DE LA POSITION. — On *a la position* quand le jeu est disposé de manière que les pions ont la liberté de leurs mouvements, qu'ils ont l'attaque contre ceux de l'adversaire, lequel se trouve partout comme en échec.

On prend ordinairement la *position* après le *coup de repos* ou par une marche savamment combinée à l'avance.

7. FAIRE AVANTAGE. Lorsque l'un des joueurs à sur son adversaire un avantage décidé, il peut égaliser la partie en lui faisant avantage. Quand la différence est peu considérable entre les deux joueurs, le plus fort fait avantage de la remise ou même de la demi-remise, du pion, du demi-pion, et même des tiers de pion. Au-dessous, la différence de force n'est plus appréciable.

Quand la différence est plus grande, on peut rendre un pion et la demi-remise, un pion et la remise, deux pions et remise, etc. Au-delà des deux pions, il devient difficile de rendre la partie égale, car il y a proportionnellement trop de force d'un côté et trop d'inexpérience de l'autre.

Faire avantage de la remise, ou, en d'autres termes, *rendre la remise*, c'est donner gain à son adversaire toutes les fois qu'il parvient à faire *partie remise*, ou autrement dite *partie nulle*.

Donner la *demi-remise*, c'est convenir que le gain de la partie n'aura son effet qu'à la seconde *partie nulle*, ou bien encore c'est n'accorder le gain de *la remise* que pour une couleur seulement; alors il faut faire bien attention à changer de couleur à chaque partie.

Donner ou *rendre un pion* à son adversaire, c'est s'ôter un pion avant de commencer la partie, et jouer ayant un pion de moins.

Donner un *demi-pion*, c'est donner un pion seulement toutes les deux parties ou à chaque deuxième partie, c'est-à-dire jouer à but une partie et rendre un pion à l'autre partie, et ainsi de suite. La méthode est la même pour pion et demi, etc.

8. JOUER A BUT. — C'est jouer d'égale force chacun avec la totalité des pions, ou avec un nombre égal de pions.

9. PARTIE REMISE, OU PARTIE NULLE. — La *partie est nulle* ou *remise*, quand il n'y a plus as-

sez de pions sur le damier pour laisser de doute sur l'issue de la partie et qu'aucun des joueurs ne pourrait la gagner.

Rester avec chacun deux dames, ou chacun deux dames et un pion, ou une dame contre trois dames, c'est faire partie nulle, bien que l'un des deux joueurs ait plus beau jeu que l'autre.

III.

DU DAMIER.

10. Le jeu de *dames à la polonaise* se joue à deux, sur un tablier en échiquier divisé en cent cases, et auquel on donne le nom de *damier*.

11. Il y a *cinquante* cases noires, et *cinquante* blanches.

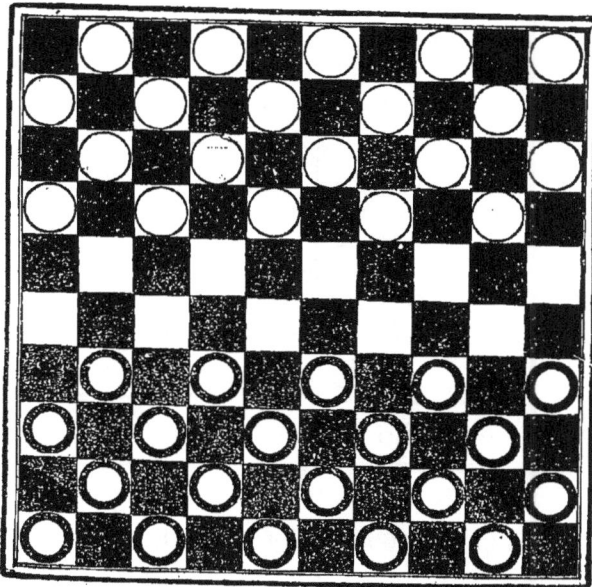

12. On joue avec *quarante* pions, *vingt* noirs et

vingt blancs, chaque joueur ayant vingt pions de la même couleur.

13. Pour jouer, on place le damier par rapport aux cases 1, 2, 3, 4, 5, perpendiculairement devant soi, et l'on pose les pions sur les cases blanches préférablement.

1		2		3		4		5
6		7		8		9		10	
	11		12		13		14		15
16		17		18		19		20	
	21		22		23		24		25
26		27		28		29		30	
	31		32		33		34		35
36		37		38		39		40	
	41		42		43		44		45
46		47		48		49		50	

14. On appelle *tric-trac* les deux lignes diagonales qui, partant de 1 et 6, vont se terminer à 45 et 50 ; la *grande ligne diagonale* est celle qui va de 5 à 46.

15. Les pions étant posés (nᵒˢ 11) sur les cases blanches, la *grande ligne diagonale* des cases blanches devra se trouver de gauche à droite, et le *tric-trac* de droite à gauche.

On reconnaît ainsi que le damier se trouve placé régulièrement.

16. Si des joueurs inexpérimentés avaient pris l'habitude de placer les pions sur les cases noires, ils devraient, dans ce cas, tourner le damier de manière que la grande ligne diagonale des cases noires se trouvât courir de gauche à droite, et le tric-trac des cases noires de droite à gauche.

17. Le damier étant posé comme il est représenté ci-dessus (nᵒˢ 11 et 13), chaque joueur aura la grande diagonale de gauche à droite.

Les noirs seront placés sur les cases de 1 à 20 inclusivement, les blancs sur celles de 31 à 50 aussi inclusivement.

18. Les pions des deux adversaires ainsi placés, il restera, pour les premiers mouvements de la partie, deux lignes transversales de cases libres, depuis 21 jusqu'à 30 inclusivement.

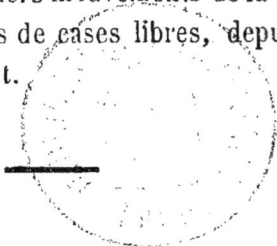

IV.

DES RÈGLES DU JEU.

19. Tout jeu est soumis à un certain nombre de règles, fixées à l'avance, pour prévenir toute discussion.

A moins de conventions particulières faites avant la partie entre les joueurs, ces règles sont nécessairement obligatoires.

Voici celles qui sont en usage aujourd'hui pour le jeu de dames à la polonaise.

20. On joue l'un après l'autre, et quoiqu'il n'y ait point d'avantage reconnu, on commence d'ordinaire chacun à son tour le premier coup.

Cependant, il est d'usage que le joueur qui reçoit avantage joue le premier.

20. Les pions marchent d'un pas seulement, en avant et diagonalement à droite ou à gauche, toujours du blanc sur le blanc.

21. Quand il y a à prendre, le pion peut marcher un ou plusieurs pas, selon qu'il y a un ou plusieurs pions à prendre.

Il peut alors se porter en arrière, si le pion à prendre se trouve en arrière.

22. *Dame touchée, dame jouée.* Cet axiome a
force de loi.

Si donc au moment de jouer on a touché un pion,
on sera forcé de le jouer.

23. Un pion est réputé *touché*, quand on a mis le
doigt dessus.

24. Toutefois, on est maître de jouer ce pion où
l'on veut, tant qu'on ne l'a pas quitté, c'est-à-dire
qu'on peut le placer sur la case à droite, ou sur
la case à gauche, si ces cases ne sont pas déjà occupées.

25. Quand on veut toucher un pion, sans être
contraint de le jouer et seulement pour arranger
le jeu, il faut en prévenir l'adversaire en disant :
j'adoube.

26. Si l'on avait touché plusieurs pions sans dire
j'adoube, on serait forcé de jouer l'un de ces pions,
aux choix de l'adversaire.

Si le pion touché n'est pas jouable, l'infraction est
nulle et n'entraîne aucune peine.

27. Un pion *a à prendre*, lorsqu'il a devant lui un
pion d'une autre couleur, derrière lequel est une case
blanche vide.

28. Lorsqu'un pion a à prendre, il saute par-dessus le pion adverse, et se place sur la case vide.

Le joueur ramasse ensuite le pion par-dessus lequel il a passé.

29. Si, après avoir pris ce premier pion, il se trouve d'autres pions de l'adversaire entre chacun desquels il y ait une case vide, le pion qui prend continue de passer par-dessus ces pions isolés et s'arrête sur la dernière case vide.

Après quoi, le joueur qui a pris enlève tous les pions par-dessus lesquels il a passé.

30. Lorsqu'on prend un ou plusieurs pions, on ne peut enlever les pions isolément et au fur et à mesure.

Il faut, avant de pouvoir rien enlever, que le pion qui prend soit posé et arrêté sur la case où se termine sa course.

31. Il est bon d'observer qu'un pion qui prend, en passant par-dessus le pion en prise, fait ainsi deux pas et qu'il peut de cette manière, s'il y a plusieurs pions à prendre, aller non-seulement d'un bout à l'autre du damier, mais encore revenir sur ses pas.

32. Le pion qui prend peut repasser plusieurs fois sur la même case vide ;

Mais il ne peut repasser une seconde fois sur le même pion : il doit alors s'arrêter.

33. Si l'on a différents pions à prendre et que, par mégarde, on oublie d'en ramasser un ou plusieurs, l'adversaire à le droit, — s'il le juge à propos, — de *souffler* le pion qui a pris.

Il peut aussi ne pas souffler et conserver les pions qu'on a oublié d'enlever, ou bien forcer son adversaire à enlever ces pions.

34. *Souffler*, c'est enlever le pion qui devait prendre.

35. On est maître de souffler ou de ne pas souffler.

36. Le joueur qui ne veut pas souffler force l'autre de prendre, et celui-ci ne peut s'y refuser.

37. Quand celui qui a à souffler a levé ou touché le pion qu'il doit souffler, il n'est plus le maître de faire prendre : il est forcé de souffler.

38. Un pion est *soufflable* quand il a oublié de prendre, ou quand il n'a pris qu'une partie des pions qu'il aurait dû prendre.

39. Celui qui a à prendre ne peut refuser de prendre, lorsque son adversaire, ne voulant pas souffler, l'en avertit.

S'il persiste dans son refus, il perd la partie.

40. Si un joueur lève ou touche par erreur un autre pion que celui qui doit prendre, ou si, ayant à

prendre de plusieurs côtés, il lève ou touche un autre pion que celui qui doit prendre du bon côté.

L'adversaire souffle le pion qui devait prendre régulièrement, et force son joueur à jouer le pion qu'il
a touché.

41. Quand on a joué son coup, on ne peut plus
souffler, et celui qui n'a pas pris d'abord peut prendre le coup d'après, si les poins sont restés dans la
même position.

De son côté, le joueur qui pouvait souffler d'abord
pourra souffler au coup suivant, si l'adversaire,
ayant toujours à prendre, néglige encore de prendre.

Enfin, le joueur qui aurait à souffler pourrait re-
tarder volontairement de le faire plusieurs coups
de suite, et ne souffler que lorsqu'il le jugerait convenable.

42. Un coup est réputé joué quand on a placé ou
quitté le pion.

43. Il n'y a point de faute à toucher un pion qui
n'est pas jouable.

44. Il n'y a pas de faute non plus à jouer le pion
de son adversaire, par la raison qu'on n'a pas le
droit de le jouer.

45. Si, ayant à prendre, on touche, et même si
l'on joue le pion de son adversaire, on ne se trouve

point dans le cas d'être soufflé, par la raison qu'on n'a pas touché de pions jouables.

46. Si l'un des joueurs fait une fausse marche, c'est-à-dire s'il change de ligne sans s'en apercevoir, l'adversaire a le droit, soit de laisser la dame ou le pion sur la case où il est arrêté, soit de le faire rejouer en règle.

47. Tous les pions sont susceptibles de devenir des *dames*.

48. Un pion qui est devenu *dame* doit être immédiatement damé, ce qui se fait en le couvrant d'un autre pion de la même couleur.

49. Un pion est devenu dame, quand il est arrivé à la dernière ligne du damier, c'est-à-dire à l'extrémité opposée à la place d'où il est parti, et qu'il s'y est arrêté.

50. Par exemple, les *pions blancs* étant placés (n° 13) entre les cases 31 et 50, seront à dame quand ils seront arrivés sur l'une des cases 1, 2, 3, 4, 5; de même les *pions noirs* étant placés entre 1 et 20, arriveront à dame sur l'une des cases 46, 47, 48, 49, 50.

51. Il ne suffit pas à un pion de passer sur une de ces cases pour devenir dame : il faut qu'il s'y arrête, lorsque le coup est terminé.

Si, parvenu sur cette ligne, le pion avait encore

à prendre, il devrait continuer à prendre en retour.

Dans ce cas, le pion n'aurait point changé de valeur ; il resterait pion jusqu'à ce qu'un autre coup
l'amenât, pour y demeurer, sur la ligne des cases
qui donnent droit à être damé.

52. La marche de la dame est la même que celle
du pion ;

Mais la dame peut faire un ou plusieurs pas à volonté jusqu'à la fin de la ligne.

53. Pour prendre, la dame suit la même règle
que le pion ; mais comme elle peut faire plusieurs
pas, elle peut prendre le pion de l'adversaire à telle
distance qu'il se trouve dans la ligne, pourvu qu'il y
ait une case vide au-delà ;

Si, dans cette ligne, la dame rencontre, sur une
autre ligne, des pions isolés, elle passe sur cette nouvelle ligne et continue sa marche tant qu'elle trouve à prendre ; en sorte qu'elle peut ainsi faire le tour
du damier.

54. Une dame en prise ne vaut pas plus qu'un
pion.

Quand donc on aura à prendre une dame ou un
pion, on pourra prendre le pion, s'il en résulte avantage.

55. REMARQUE. — *Manoury* veut que celui qui

aurait à prendre une dame ou un pion soit obligé de
prendre la dame. Cette règle est en contradiction avec
les éléments mêmes du jeu. En effet, une dame qui
serait prise ne vaudrait évidemment pas plus qu'un
pion; mais il y a une autre raison non moins convain-
cante : c'est que les règles sont basées, dans leur
ensemble, sur l'échiquier, qui est le terrain, et non
sur les pions, qui sont la chose mobile.

56. On est obligé de prendre du côté où il y a le
plus à prendre, c'est-à-dire qu'il faudrait prendre
deux pions au lieu d'une dame, trois pions au lieu de
deux dames; mais on peut choisir entre deux dames
et deux pions.

57. REMARQUE. —Cette règle est aujourd'hui en
usage à Paris, et elle est généralement adoptée en
province par les joueurs d'une certaine force.

58. Deux joueurs ne sont-ils pas de même force? ils
égalisent la partie, en prenant un nombre différent de
pions, ou en acceptant certaines combinaisons dont
l'efficacité ou la valeur a été sanctionnée par l'expérience

59. Pour égaliser la partie, le joueur le plus fort rend
le pion ou la remise (n° 7) à son adversaire; il rend
plusieurs pions, ou pions et remise.

Il peut aussi rendre un demi-pion et la demi-remise.

5

Rendre un demi-pion, c'est, comme nous l'avons déjà dit, rendre un pion chaque deuxième partie; il en est ainsi pour la demi-remise.

Rendre la remise, c'est accorder le gain de la partie à son adversaire, s'il fait partie nulle.

60. Lorsque deux joueurs égaux en force restent à la fin de la partie, l'un avec trois dames, l'autre avec une seulement, celui-ci tenant la ligne du milieu, la partie est forcément remise.

On doit en recommencer une autre, après avoir joué chacun *deux* coups, pour démontrer qu'il n'y avait point de coup arrivé à maturité.

61. Si la dame unique n'a pas la ligne du milieu, le joueur des trois dames pourra obliger son adversaire à jouer *quinze coups*.

Celui-ci ne pourra refuser, quand bien même il serait plus fort et aurait fait avantage à l'autre.

62. Quoique le plus fort des deux joueurs possède les trois dames, il ne peut non plus exiger que *quinze* coups.

REMARQUE. — *Manoury* veut que l'on exige *vingt* coups; on a pensé que c'était encore trop. Les joueurs de Paris ont adopté depuis longtemps l'usage de ne jouer que quinze coups, peut-être même aurait-il fallu diminuer ce nombre, car une telle partie fatigue le joueur qui a la dame unique, et le dégoûte souvent du jeu.

63. Dans les parties où les coups sont limités, on ne peut les excéder, sous prétexte que le coup excédant qui fait le gain de la partie est la suite nécessaire du coup précédent.

Il faut que la partie soit gagnée au dernier coup fixé inclusivement.

64. Un coup est complet quand chaque joueur a joué à son tour; le premier joue, le second ensuite, voilà un coup.

Ainsi, quand celui qui a joué le premier joue pour la quinzième fois, ce n'est que lorsque le second joueur a aussi compté le quinzième coup, que le coup est accompli.

65. Quand, à la fin d'une partie, le joueur qui n'a qu'une dame offre à son adversaire, qui a dame et deux pions ou deux dames et un pion, de lui damer les deux pions ou le pion afin de compter tout de suite les coups limités.

Cet adversaire ne peut le refuser.

En cas de refus, le joueur de la dame unique est en droit le quitter la partie comme remise.

66. Celui qui aurait fait avantage de la remise à son adversaire, aurait alors perdu la partie.

67. Quand un joueur donne à l'autre pour avantage

la *demie*, le *tiers* ou le *quart* de la remise ou du pion, ils sont tous deux obligés de jouer les deux, les trois ou les quatre parties que forment l'intégrité, le complément du jeu;

Parce que, dans ces cas, deux, trois ou quatre parties n'en font qu'une, et que le même nombre de parties doit avoir lieu pour la revanche, pour le tout, etc.

68. Toute partie commencée doit être jouée jusqu'à la fin : ainsi celui qui la quitte se reconnaît vaincu: *qui quitte la partie la perd*.

Il faut, si l'on quitte, que ce soit d'un accord mutuel.

V.

OBSERVATIONS SUR LES RÈGLES.

69. Pour bien comprendre les règles et la marche du jeu, il faut avoir sous les yeux le damier numéroté.

Ce tableau (nos 11 et 13) n'est autre chose qu'un plan, ou une carte; ainsi les cases se trouvent chiffrées dans leur ordre naturel. Le damier est disposé pour lire, c'est-à-dire comme l'écriture, de gauche à droite et de haut en bas.

Les noirs doivent être rangés sur les cases numérotés 1, 2, 3, 4, 5, 6, 7, 8, 9, 10, 11, 12, 13, 14, 15, 16, 17, 18, 19, 20.

Les *blancs* sur les cases 31, 32, 33, 34, 35, 36, 37, 38, 39, 40, 41, 42, 43, 44, 45, 46, 47, 48, 49, 50.

Les pions étant rangés, les cases 21, 22, 23, 24, 25, 26, 27, 28, 29, 30, restent libres entre les deux jeux.

70. Maintenant, comme nous ne jouons que sur les cases blanches, la marche des pions est nécessairement oblique, puisque toutes les lignes sont diagonales.

Supposons que ce soit aux blancs à commencer et qu'ils commencent par le 31. Le pion occupant cette case pourra opérer son mouvement à son choix sur 26 ou sur 27 ; l'adversaire jouera à son tour, et la partie sera ainsi engagée.

VI.

EXERCICES.

Il serait superflu de revenir sur les explications élémentaires qui ont été données plus haut.

Nous passerons à l'exécution des problèmes figurés dans les tableaux ci-après.

71. — Problème I. Dans ce tableau, les pions noirs occupent les cases 4, 7, 8, 1 2, 14, 17, 18,19, 24 26, 29, en tout *onze* pions noirs.

Les pions blancs occupent les cases 25, 28, 30, 33, 35, 37, 38, 40. En tout *huit* pions blancs, *trois* de moins que les noirs; mais c'est aux blancs à jouer, et ils gagnent la patie

Solution.

Blancs jouen t de....	28 à 25.	Noire prennent de	19 à 59	2p.
Blancs prennent 2 p.	50 à 10.	Noirs —	4 à 15	1
Blancs jouent de....	37 à 51.	Noirs —	26 à 37	1
Blancs —	58 à 52.	Noirs —	57 à 28	1
Blancs —	40 à 34.	Noirs —	29 à 40	1
Blancs —	55 à 22.		59 à 50	

Dès le début de ce coup, les blancs donnent à prendre en jouant le pion 28 à 23. Le pion noir 19 passe par-dessus ce pion blanc 23, et sans s'arrêter sur la case 28, car il y a deux pions à prendre, il passe par-dessus le pion blanc 33, et s'arrête à la case 39; il a ainsi marché trois cases, en écrivant un angle.

Le pion blanc 30, faisant une opération semblable, va à la case 10, en prenant aussi deux pions. Le pion noir 4 prend ce pion blanc 10, en se posant à la case 15. Le pion blanc 37 se met en prise sur 31. Le pion noir 26 prend ce pion blanc 31, en se plaçant à 37. Le pion blanc 38 donne encore à prendre, en se plaçant à 32. Cette fois le pion noir 37 va être forcé de rétrograder. Pour prendre ce pion blanc 32, il marche en arrière et s'arrête à la case 28. Le pion blanc 40 donne à prendre à 34.

Ici deux pions noirs peuvent également prendre, mais le résultat est le même.

Si le pion noir 39 prend à 30, le pion blanc 35 saute à 24, 33, 22, 11, 2, 13, 22, et prend les pions noirs 30, 29, 28, 17, 7, 8, 18.

Si le pion noir 29 prend à 40 le pion 35 passe à 44, 33, 22, 11, 2, 13, 22, et ramasse les pions noirs 40, 39, 28, 17, 7, 8, 18, sept pions de l'un ou de l'autre côté.

Dans cette dernière excursoin, le pion blanc montre une partie de sa puissance. Il a parcouru 14 cases il est passé sur la case 2, sans s'y arrêter, par conséquent sans avoir droit d'être damé, et il est revenu sur ses pas jusqu'à la case 22.

Cet exemple, qui est une application des règles 20, 28, 29, 30, 51, doit faire suffisament comprendre la marche du pion.

Le coup brillant exécuté ci-desus est de notre collaborateur M. *P. Hennequin*, l'un des écrivains de la *Revue Britannique*, qui passe à juste titre pour le premier joueur de dames de l'époque.

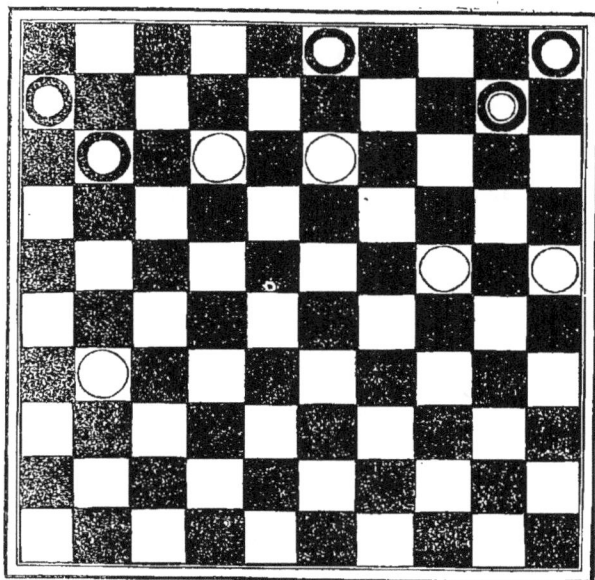

72. — PROBLÈME II. Ici les pions noirs occupent les cases 3, 5, 6, 10 et 11. A la case 10 est une dame noire.

Les pions blancs occupent les cases 12, 13, 24, 25, 31. *Cinq* pions blancs contre *quatre* pions noirs et une dame noire.

Solution

Blancs jouent 24 à 19. Dame noire joue 10 à 8, prend 3 pions.
Blancs — 13 à 2; prennent la dame noire et gagnent.

Les blancs ayant joué 24 à 19, la dame noire de la case 10 passe sur la case 14 et par-dessus le pion blanc 19, parcourt les cases 23, 28, 32, 37, passe par-dessus le pion blanc 31, va à la case 26, aux cases 21, 17, passe par dessus le pion blanc 12, et s'arrête à la case 8. Le pion blanc 13 passe par-dessus la dame noire 8, qu'il prend, et il devient dame en s'arrêtant à la case 2.

Ce tableau renferme deux exemples: la dame parcourt plusieurs cases et plusieurs lignes, et l'on voit que s'il lui eût été permis (n° 30) de lever les pions qu'elle prend au fur et à mesure, le pion blanc 19 ne soutiendrait plus le pion blanc 13, et en conséquence il n'y aurait plus de coup.

73. — PROBLÈME III. Les pions noirs occupent les cases 12, 15, 26, 50. A la case 50 est une dame noire.

Les pions blancs sont sur les cases 9, 22, 27, 32,

35, 38. *Six* pions blancs contre *trois* pions noirs et *une* dame noire.

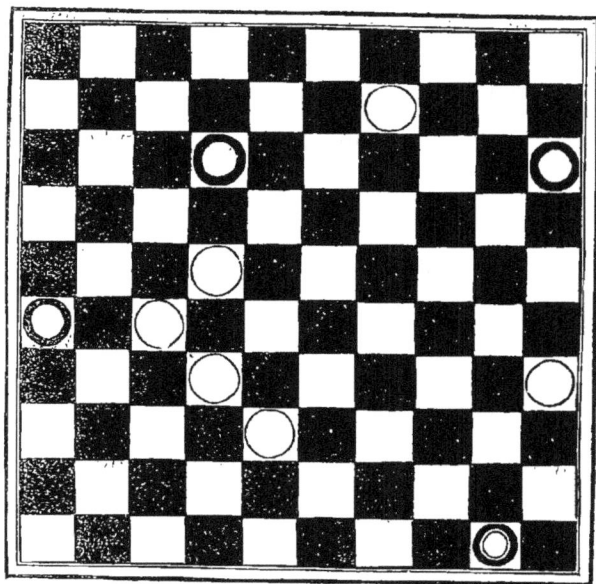

Solution. On comprend que les noirs viennent d'arriver à dame. Au moment même où elle est damée, la dame noire attaque le pion blanc 22, c'est un *coup de repos* (n° 3). Pendant se temps, le pion blanc dame à la case 4.

La dame noire 50 prend le pion blanc 22 et s'arrête au-delà à volonté. Le pion blanc 38 donne à prendre en poussant à la case 33. La dame noire, placée soit à 6, soit à 11, soit à 17, prend pion blanc 33 et se place sur la ligne à volonté, soit à la case 50.

Le pion blanc 27 joue à la case 21 et se met en prise. Le pion noir 26 prend ce pion blanc 27, en rétrogradant jusqu'à la case 17. Le pion blanc 32 pousse à 28 et se met en prise : la dame noire 50 prend en effet ce pion blanc 28, et comme elle est arrêtée par son propre pion que les blancs ont fait venir à 17, elle est obligée de rester sur la case 22, où elle est prise par la dame blanche de la case 4.

Cet exemple d'un *coup de repos*, que nous avons emprunté au traité de *Lallement*, peut donner une idée des autres.

Nous ajouterons, comme sujets d'étude, quelques problèmes choisis que l'on posera sur le damier, selon la méthode indiquée dans les tableaux ci-dessus.

74. — Problème IV. *Position des pions* :

Noirs : (4, dame noire) 6, 17, 22, 33, pions noirs.
Blancs : 14, 16, 23, 28, 52, 53, 54.

Sept pions blancs contre *quatre* pions noirs et *une* dame noire.

Solution.

Les Blancs jouent de 34 à 30. Noirs de 35 à 24 et prennent.
— 14 à 10. — 4 à 15 —
— 23 à 19. — 24 à 15 —
— 52 à 27. La Dame 15 à 21 prend 2 p.
— 16 à 9.

Les blancs, en allant de 16 à 9, prennent la dame noire et deux pions noirs. Partie gagnée.

75. — Problème V. *Position* :

Noirs : 2, 4, 12, 15, 17, (47, dame noire)
Blancs : 15, 21, 23, 27, 28, 48

Six pions blancs contre *cinq* pions noirs et *une* dame noire.

Solution :

Les blancs jouent de 23 à 18. Noirs de 12 à 32
— 27 à 38. — 47 à 8
— 21 à 3

Les blancs prennent un pion noir, la dame noire, dament à la case 3, et gagnent.

4

76. — O ÈME VI. *Exemple de fermeture.*
Position :

Noirs :   1,   2,   6,   16,   (28, dame) 34.
Blancs : 20,   27,   37,   38,   41,   42,   43,   47.

Huit pions blancs contre *cinq* pions noirs et *une* dame noire.

Solution :

Les Blancs jouent de 37 à 31. Noirs de 28 à 46.

— 27 à 21.	— 16 à 36.
— 43 à 39.	— 34 à 52.
— 42 à 37.	— 52 à 41.
— 20 à 14.	— 6 à 11.
— 14 à 9.	— 11 à 17.
— 9 à 3.	— 17 à 22.
— 3 à 21.	— 22 à 28.
— 21 à 38.	

77. — PROBLÈME VII. *Lunette. Position :*

Noirs : 10 (14, dame). (34, dame).
Blancs : 24, 29, 35, 40, 49.

Partie gagnée.

Cinq pions blancs contre *un* pion noir et *une* dame noire.

Solution:

Les Blancs jouent de 24 à 19. Noirs de 14 à 35 prennent 3 p.
— 29 à 40. — 35 à 44 — 1
— 49 à 40.

Les deux dames noires sont prises et la partie est gagnée.

———

VIII.

DES PARTIES MODIFIÉES ou COMBINÉES

78. — Outre la *partie polonaise* ordinaire, il y a d'autres parties qui sont dites *combinées*, et que les joueurs d'une certaine force jouent quelquefois, soit pour varier le jeu, soit pour en étudier toutes les ressources.

79. — La plus usitée est celle où des joueurs égaux en force se donnent alternativement, en commençant la partie, *une* dame pour *deux* pions et quelquefois pour *trois*.

80. — Une autre partie, est celle où l'un des joueurs commence avec *cinq* dames et *dix* pions, tandis que l'autre joueur n'a que ses *vingt* pions: cette partie

est de bonne étude pour apprendre à ne pas se laisser souffler.

81. — Il en est une troisième, où l'un des joueurs a *vingt* pions et l'autre *dix*: seulement ce dernier joue deux coups chaque fois, soit avec un même pion, soit avec deux pions différents; il perd la partie, non-seulement s'il perd tous ses pions, mais même lorsque, trop serré par le jeu de son adversaire, il n'a plus de place pour jouer à son tour ses deux coups. Cette partie est très-piquante. Lorsque le joueur des dix pions a une dame, il gagne la partie, son adversaire eût-il encore ses vingt pions : car la dame jouant de même ses deux coups, ne peut jamais être prise. Toutefois la partie pourrait être nulle dans ce cas, si le joueur des vingt pions avait aussi une dame.

82. — La partie dite *diagonale* est ainsi nommée, parce que les pions sont placés de façon que la grande ligne diagonale du milieu soit vide en commençant. Elle tient lieu alors des deux lignes intermédiaires qui sont libres en commençant la partie ordinaire.

83. — Quant à la partie *babylonienne*, où l'on marchait et prenait en tous sens, en avant, en arrière, de côté et en face, elle a été abandonnée comme beaucoup trop compliquée, ou peut-être à cause de la rareté des forts joueurs, seuls capables de la jouer.

84. — Enfin on joue encore la partie à *qui perd*

gagne: elle consiste, pour chaque joueur, à mettre en prise tous ses pions. Dans cette partie, le plus fort a quelquefois *vingt* pions tandis que son adversaire n'en a *qu'un* seul, et il faut qu'il fasse prendre ses vingt pions sans que l'autre puisse parvenir à donner son pion unique. Cette partie renferme de belles combinaisons, mais elle ne saurait être comparée au jeu polonais.

Ces diverses parties contribuent à faire connaître les finesses du jeu.

IX.

OBSERVATIONS GÉNÉRALES.

85. — Terminons par quelques observations géné-
les ce traité, que nous avons voulu rendre complet,
tout en le renfermant dans d'étroites limites.

Aucune théorie, si volumineuse qu'elle fût, ne saurait ni donner la science du jeu, ni renfermer tous les
problèmes possibles. Pour se faire une idée du nombre
immense des combinaisons du damier, il suffit de se
rappeler qu'il a quarante pions, et qu'avec les vingt-
cinq lettres de l'alphabet on peut faire toutes les lan-
gues du monde, et qu'on en ferait bien d'autres
encore.

Nous avons donc pensé qu'il n'était pas nécessaire
pour l'intelligence du jeu, de multiplier les problèmes.
Les coups sont des exemples, ou si l'on veut des
modèles. Sachez comment se forment les combinaisons
et vous créerez des coups à l'infini.

Tout problème a nécessairement pour base l'un de
ces trois principes fondamentaux : le *pion en prise,
la lunette*, ou le *temps de repos*. On devra donc, soit
en jouant, soit en étudiant un coup posé, porter sur
ces divers accidents du jeu toutes son attention.

Il importe de ne jamais oublier que le but du jeu est de prendre les pions de son adversaire; en conséquence, on ne doit craindre ni les échanges, ni les attaques quand même il n'en résulterait qu'un *tant pour tant*.

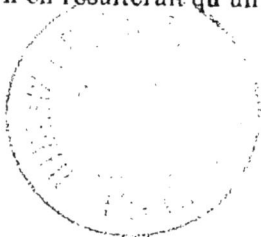

TABLE.

—

———•○———

AUXERRE, IMP. BOUDIN.

PASSARD, ÉDITEUR, RUE DES GRANDS-AUGUSTINS, 7

ALBUM ILLUSTRÉ DES JEUX

Par VAN TENAC

Traité du jeu de Piquet.. 1 vol.
Traité du jeu de Whist.. 1 vol.
Traité du jeu de Boston... 1 vol.
Traité du jeu de Bézigue... 1 vol.
Traité du jeu d'Écarté.. 1 vol.
Traité du jeu de Reversis... 1 vol.
Traité du jeu de Bouillotte... 1 vol.
Traité du jeu d'Impériale... 1 vol.
Traité des jeux de Lansquenet et de Florentini..................... 1 vol.
Traité du jeu de Dominos... 1 vol.
Traité du jeu de Billard.. 1 vol.
Traité du jeu des Échecs.. 1 vol.
Traité du jeu de Dames.. 1 vol.
Traité des jeux de Trictrac et de Jaquet............... }
Traité du Jaquet de Versailles, par MM. Corrard et Jeandel. } 1 vol.

Les trois derniers volumes ci-dessus se vendent également réunis en un seul.

G. GRÉGOIRE

Traité du Trente-Quarante, 1 vol. grand in-8°................. 12 fr.
Échiquier du Trente-Quarante, In-plano. 5 fr. Sur toile...... 7 fr.
Traité de la Roulette, 1 vol. grand in-8°.................... 6 fr.
Cent mille coups de Banque, 1 vol. grand in-8°.............. 8 fr.
Guide-Manuel illustré du jeu de Dames, 1 vol. grand in-12... 2 fr.

LALLEMENT

Traité du jeu de Dames, revu par Grégoire, 1 vol. grand in-12. 4 fr.

J. A. DE R. et DUNCAN FORBES

Guide-Manuel illustré du Jeu des échecs. 1 vol. grand in-12. 2 fr.

LÉON COSSON

Traité illustré du Jeu de Billard, 1 vol. in-32............. 25 c.

18926 Paris. — Imprimerie Renou et Maulde, rue de Rivoli, 14

www.ingramcontent.com/pod-product-compliance
Lightning Source LLC
Chambersburg PA
CBHW071758090426
42737CB00012B/1865